Mein Pferd Peter erzählt • Renita Schnorr

Renita Schnorr

Mein Pferd Peter erzählt

Tiergeschichte

FRIELING

Bibliografische Information der Deutschen Nationalbibliothek

Die Deutsche Nationalbibliothek verzeichnet diese Publikation in der Deutschen Nationalbibliografie; detaillierte bibliografische Daten sind im Internet über http://dnb.d-nb.de abrufbar.

Rheinstraße 46, 12161 Berlin

Telefon: 0 30 / 76 69 99-0

www.frieling.de

ISBN (Print): 978-3-8280-3749-6

1. Auflage 2023

Bildquelle: Archiv Renita Schnorr

Printed in Germany

INHALT

Volksgut Groß Kreutz 7

Neuer Stall in Ketzin 15

Erste Sektion, Fritz Beyer 17

Der nächste Umzug nach Oranienburg 25

Wieder eine kleine Veränderung,
Umzug zu Familie Schlinke 31

Moor und Morast 33

Lektionen 34

Umzug nach Berlin-Buch 38

Ausbrecher, Suche nach Peter 44

Alt-Buch 50

Im Garten vom Regierungskrankenhaus 53

Pferdeglück 55

Umzug zum Pölnitzweg 1976 56

Ankommen im Pölnitzweg 62

Die ersten Wochen in der neuen Heimat Pölnitzweg 65

Morgenritt im Herbst 69

Ausritt, Panzer 71

Panzer 74

Reiten durch den Herbstwald 75

Todesangst (Winter 1979) 77

Bummelritt im Frühling 80

Peter bekommt eine Freundin 83

Weihnachten auf der Koppel 90

Reiten mit Annabella 97

Peter will Annabella verführen 100

Herbstausritt 103

Abschied 106

Volksgut Groß Kreutz

Seit Tagen und Wochen, vielleicht waren es auch Monate, stand ich hier in diesem Riesenstall, eingezwängt zwischen anderen Pferden, die ich nicht kannte. Bei jeder Bewegung klirrte die Kette, mit der sie mich an der Futterkrippe festgemacht hatten. Rechts von mir stand Hanne, sie schnaufte nur vor sich hin und prustete das Futter in der Krippe nach allen Seiten, so dass es einem in der Nase kribbelte. Sie stand schon viele Jahre hier und wusste wenig zu erzählen, sie sagte, sie tauge zu nichts, weil sie nicht trächtig werde. Zu meiner Linken stand ein alter Wallach. Er wusste nicht genau, wie alt er war, er mochte sechzehn oder achtzehn Jahre alt gewesen sein. Sein Name war Roman. Er hat mich über vieles aufgeklärt, manchmal erzählte er mir etwas vom hiesigen Gestüt Groß Kreutz, das in der Nähe von Potsdam lag. Früher hatte es dem Herrn von Marwitz gehört. Es war ein großes Rittergut mit vielen Feldern und Koppeln gewesen, bekannt war es in Brandenburg durch seine Pferdezucht.

„Das Gutshaus ist etwas ganz Besonderes, es ist ein richtiges kleines Schloss, das 1765 vom Architekten und Oberbaudirektor Friedrich Wilhelm Diderichs erbaut wurde. Er war ein Schüler von Herrn Knobelsdorff. Unser Gutshaus nennt man auch Klein Sanssouci, denn der Architekt hat auch in Potsdam am königlichen Sommerschloss im Park Sanssouci mitgewirkt. In Berlin hat er das Ephraim-Palais gebaut. In Berlin-Buch war er der Baumeister der Kirche, deren Turm im Krieg leider zerstört worden ist. Die Leute, die sich für dich interessieren, kommen aus Berlin-Buch. Das habe ich heute Morgen gehört.“

Roman erzählte weiter; er sagte mir, dass die Eigentümer des Gutes nach dem Krieg enteignet worden waren. Der damalige Besitzer, Herr Bodo von Marwitz, hatte 1945 nach Russland ins Lager kommen sollen. Er hatte Glück gehabt, er war auf dem Transport entkommen und nach dem Westen geflohen, in die amerikanische Besatzungszone. Dort hoffte die Familie immer noch, eines Tages den Besitz wiederzuerlangen.

Nun in der DDR war aus dem Marwitz'schen Gut ein Volksgut geworden. Das kleine Schloss, das ziemlich desolat war, diente als Bildungsstätte für Agrarstudenten. Ein mustergültiger Kindergarten war im Schloss auch dabei. Denn irgendwo mussten ja die Kinder bleiben, deren Mütter hier auf dem Gelände arbeiteten und studierten. Unser Gut trug den Ehrentitel „sozialistischer Musterbetrieb der Landwirtschaft".

Weiter erzählte Roman: „Ich bin hier auch nur geduldet. Wir Wallache taugen hier nichts. Hier sind nur die Stuten und Hengste interessant, die zur Zucht hier stehen und gute Fohlen als Nachwuchs bringen sollen. An uns Wallachen können sie nichts verdienen. Wir sind zum Reiten für die Touristen da. Die Damen und Herren Touristen, manchmal auch Kinder, tragen wir dann über die Felder und durch die Wälder der Umgebung. Die meisten können natürlich nicht reiten, aber sie glauben, dass sie vorzügliche Reiter sind. Sie malträtieren meist unseren Rücken, rutschen hin und her, man hat das Gefühl, mehrere Zentnersäcke auf dem Buckel durch die Prärie zu schleppen. Zu allem Unglück stoßen sie einen mit ihren Stiefelabsätzen in den Bauch. Kinder sind dann doch besser zu ertragen, die spürt man kaum, sie lassen uns machen, was wir wollen, das heißt, wir traben oder galoppieren dem Leitpferd, geritten von einem Gestütsangehörigen, hinterher. Alle Pferde sind dann froh, wenn es im Schritt heimwärts geht. Du bist ja noch ein junger

Wallach und nicht zugeritten, damit können die Touristen nichts anfangen. Vielleicht hast du Glück und kommst zu Adoptiveltern, die es gut mit dir meinen und dich ordentlich ausbilden und reiten, dann macht es ja auch Spaß."

Aha, ich war also ein Wallach, das hatte etwas mit der Operation zu tun, die an mir vor einigen Monaten vorgenommen worden war, damit ich keine Fohlen zeugen konnte wie die Hengste, die hier in ihren Boxen standen. Ich fühlte mich sehr unglücklich. Morgens und abends wurde Hafer in die Futterkrippe geschüttet, Heu gab es auch, manchmal schmeckte es nach Schimmel. Ich bekam einen Eimer Wasser, das war nicht viel, ich wollte mehr trinken, denn es war Winter, da gab es kein saftiges Gras, aber bei Kälte muss man viel trinken, das wärmt den Körper.

Wozu war ich gut? Ich war, bevor sie mich hierhergebracht hatten, nur auf großen Koppeln gewesen und hatte rennen, springen, mit anderen jungen Pferden spielen, manchmal auch mit dem großen Hund Rex um die Wette laufen können. Es hatte Tag und Nacht saftiges grünes Futter auf der Koppel in Friedland gegeben.

Mein Herr hatte mich hierhergebracht, auf den großen Gutshof des Volksgutes in Groß Kreutz. Er hatte gesagt: „So, Peter, jetzt bist du dem Fohlenalter entwachsen. Du musst geritten werden, ich habe keine Zeit dafür. Außerdem müssen wir das Auto kaufen, das wir vor neun Jahren angemeldet haben, dafür brauchen wir noch Geld. Bis sich ein Käufer gefunden hat, kommst du auf das Gestüt, da gibt es viele Pferde, du wirst sehen, du wirst keine Langeweile haben und in Groß Kreutz wirst du besser zu verkaufen sein als bei uns zu Hause."

So war ich auf einem großen Auto hier angekommen. Ein Freund von meinem Herrn hatte mich dann in Groß

Kreutz in Empfang genommen. Nun hatten sie mir schon mehrmals den Sattel auf den Rücken gelegt.

Am Nachmittag holte mich einer der Mitarbeiter auf den Hof, er nahm mir das Halfter ab, womit ich im Stall festgemacht war, legte mir ein ähnliches Ding um den Kopf und ein Eisenstück ins Maul, huch, war das kalt und fremd. An dem Eisenstück waren zu beiden Seiten Riemen, die er in die Hand nahm. Man nannte den Apparat Trense. Ich hörte, wie er dem Jungen zurief: „Bring mir die Trense.“ Jetzt legte er mir den Sattel auf den Rücken und schnallte die Gurte unter dem Bauch fest. Ja, er setzte sich sogar auf meinen Rücken, ganz schön schwer. Ich wusste nicht, was ich machen sollte, anscheinend sollte ich vorwärtsgehen, er ruckte auf mir herum. Ich blieb wie angewurzelt stehen, er schimpfte und zwängte mich ein. Er bohrte seine Stiefelabsätze in meinen Bauch. Vor Angst schnellte ich vorwärts, aber da zog er mich am Maul.

Als ich die große Wiese sah, wollte ich nur hopsen und springen, ich freute mich und dachte: „Das ist wie unsere alte Koppel, wo ich grasen und springen durfte.“ Aber sie hatten mir das kalte Eisen ins Maul gelegt und an beiden Seiten des Maules schmerzte es bei jedem Schritt. Ich litt auch unter der schweren Last des Menschen auf meinem Rücken, jetzt stieß er mich sogar mit seinen Hacken in die Seite. Seine Stimme war sehr hart. Ich sah nur das weite Land. Ich wollte fort, weit weg zu meinen Freunden auf unsere alte Koppel. Ich galoppierte davon. Da riss mich der Reiter hart am Maul, sein schwerer Körper drückte mich. Ich nahm den Kopf zwischen die Vorderbeine auf die Brust. Ich stob davon und hörte weder auf das Fluchen und Schimpfen des Reiters noch spürte ich den Schmerz in Maul und Rücken. An einer unebenen Stelle der Wiese gelang es mir, die Last abzuwerfen. Ich spürte plötzlich eine ungeheure Erleichterung und blieb vor Schreck stehen. Ich hörte das leise Fluchen des gerade Abgeworfenen, der im Grase lag. „Blödes Vieh", sagte er und ein anderer saß schon wieder auf meinem Rücken. Er saß locker im Sattel und ließ mich am freien Zügel im Schritt zum Stall laufen. Ein anderer Tierpfleger nahm mir Sattel und Trense ab und gab mir sogar ein Stück Zucker.

Heute hat man mich besonders sorgfältig geputzt, der Wärter hat viele Male mit der Bürste über meinen Rücken gestrichen, die Hufe haben sie mir ausgekratzt und beschnitten. Die Hinterhand haben sie nicht geschafft, denn ich wusste nicht, wie ich auf drei Beinen stehen sollte. Mehrere Gestütswärter tanzten um mich herum. Der Sattel wurde mir aufgeschnallt, danach erhielt ich ein Stück Zucker. Ich wurde auf den Gang gestellt, wo mir einer das Zaumzeug anlegte. Wen sah ich denn da – es war mein früherer Herr. Er tätschelte meinen Hals und strich mir über die Nüstern. „So, Peter, es ist so weit, wir haben einen Käufer für dich gefunden, es ist eine junge Frau, eine tüchtige Reiterin, du wirst es sicher gut bei ihr haben."

Alle waren so aufgeregt, aber sehr nett zu mir, ich stand plötzlich im Mittelpunkt. Mein Nachbar hatte doch gesagt, dass wir völlig unwichtig seien. Er schnaufte ein bisschen und drehte seinen Kopf zu mir um. „Nun wirst du bald wegkommen, mit wem soll ich dann von den großen grünen Koppeln träumen und schwatzen?"

Ich wurde im Hof herumgeführt. Sie waren sich nicht einig, welcher von den Reitern mich den Leuten vorführen sollte. Die Wahl fiel auf den Stallmeister Jörg, der brüstete sich am meisten, für ihn sei es doch kein Problem, er habe schon schlimmere Zigeuner gebändigt. Er schwang sich in den Sattel, das war nicht sehr sanft, und trieb mich zur Wiese. Ich war doch recht störrisch, biss die Zähne zusammen und tänzelte mit aufgerissenen, angstvollen Augen panikartig zum Platz der großen Koppel. Eine Menge Leute standen da und sollten mich begutachten. Das Grün der Wiese lag unter einer dünnen Schneedecke, die im Sonnenlicht hell glitzerte.

Ich wurde vorgeführt. Ich hörte nur, wie einer sagte: „Mein Gott, der Gaul kann ja nicht einmal vorwärtsgehen." Man hielt mich fest am Zügel, ich stapfte mit den Vorderfüßen auf der Stelle und meine Augen blitzten in die Runde. Aller Blicke waren jetzt auf eine junge Frau gerichtet, sie hieß Hanna.

Einer sagte laut: „Na, Hanna, wenn du den kaufen willst, dann reit ihn uns vor." Hanna wandte sich an einen jungen Mann und sagte: „Fritz, reiten Sie ihn erst einmal."

Fritz Beyer war der Reitlehrer in der Sektion Ketzin, im Nachbarort, Kreis Nauen, Bezirk Potsdam. Er hatte Hanna das Pferd empfohlen, dabei nur Gutes berichtet und darauf bestanden, dass Peter zu Hanna gut passe. Fritz klopfte mir den Hals und stieg auf, er riss mich nicht am Maul, er saß ruhig, wir trabten über die Wiese. Nach der oberen Biegung der langen Koppel drückte er mich stärker in die Weiche, ich sollte angaloppieren. Ich sprang vor Freude hinten hoch, da lag der Reiter im Schnee.

Ich blieb vor Schreck stehen. Der Reiter stieg wieder auf und wir ritten zur Menge zurück, die Koppel war zugesperrt, ich konnte nicht nach draußen ausreißen.

Nun war die Reihe an Hanna, sie wollte mich doch kaufen. Hanna wirkte ganz ruhig. Sie sprach mit warmer Stimme auf mich ein, schwang sich ruhig in den Sattel, sie saß fest und schob mein Hinterteil nach vorn. Im Maul ließ sie mir freien Lauf. Ich kaute auf dem Gebiss.

Wir trabten über die Koppel, ich spürte ihr Gewicht kaum, meine Schritte wurden länger. Sie lobte mich: „Gut, mein Kleiner, ruhig, ganz ruhig. Schließlich habe ich beim besten Trainer Remonten zugeritten, jetzt probiere ich es bei dir, nein, ich tu dir nicht weh. Du läufst doch wunderbar.“

Wir schwebten im Trab in völliger Harmonie über den Platz zum Ausgangspunkt. Als wir an der Menge vorbeikamen, wollte ich stehen bleiben, aber das Gewicht der Frau wirkte stärker und meine Hinterhände gingen wie von selbst vorwärts. Unterwegs klopfte Hanna mir den Hals und sagte: „Na, Kleiner, wir werden gute Freunde werden.“

Wir liefen noch einige Runden, abwechselnd im Trab, im Galopp und im Schritt. Vor der Menge hielten wir, sie saß ab, hielt mich am Zügel und sagte zu Fritz Beyer so laut, dass alle es vernahmen: „Den nehme ich, ein wunderbares Pferd, wir werden heute noch den Vertrag machen.“ Leise und etwas misstrauisch fragte sie ihn: „Hat das Pferd wirklich keine Mängel und Untugenden?“ – „Sie können ihn nehmen, der veranschlagte Preis ist nicht zu hoch.“

Ich musste wohl doch allerhand wert sein, es ging schließlich um Tausende. Ich hörte, wie mein ehemaliger Herr an Hannas Ehemann herantrat und einige Daten diktierte: „Name ist Peter, geboren 1968, Farbe: Dunkelbraun, Größe: 165 cm, Abzeichen: Hinterbeine weiß gefesselt, Zuchtgebiet: Mecklenburg, Vater: Grinsing I., Mutter: Traberstute Pamina. Also ein edles Warmblut. Der Preis wird später eingesetzt.“

Ich kam mir jetzt sehr interessant vor, sicher war ich das schönste Pferd, Namen hatte ich gehört, die ich früher nie vernommen hatte. Stolz, mit erhobenem Kopf kam ich in den Stall zurück. Lange würde ich nicht mehr hierbleiben müssen. Anschließend konnte ich meinem Nachbarn von dem Abenteuer berichten. Ich kannte den Namen meiner Mutter und wusste sogar mein Geburtsdatum.

Einige Tage vergingen, ohne dass sich an meinem Tagesrhythmus etwas änderte. Hatten sie mich vergessen? Vielleicht hatte ich doch Mängel und Hanna wollte mich nicht mehr. Aber sie hatte meinem früheren Herrn die Hand gegeben. Mein Nachbar berichtete mir: „Das bedeutet, dass du bald wegkommst, der Vertrag ist ein Versprechen, dass sie dich nehmen. Ich habe gesehen, wie sie den Vertrag mit Handschlag besiegelt haben. Das gilt bei Pferdeleuten."

Eines Tages kam Fritz Beyer wieder auf den Hof. „Na, Peter, du musst noch eine Weile hierbleiben, deine zukünftige Herrin hatte einen Unfall, ihr linkes Bein ist verletzt. Inzwischen werden wir dich in meiner Sektion reiten, ich hole dich nächste Woche ab. Dort wird es dir bestimmt gefallen."

Neuer Stall in Ketzin

Es war Frühling geworden, am Morgen wurde ich aufgesattelt, ich vernahm im Gang Stimmen von mehreren Männern, mein Name fiel oft. Ich wurde auf den Hof geführt, die Frühlingssonne sandte ihre ersten Strahlen. Den einen Mann kannte ich, das war der, den ich auf der beschneiten Wiese abgeworfen hatte. Es war Fritz Beyer. Der andere Mann war der Ehemann meiner zukünftigen Herrin, Luca, mit ihm würde mich später eine tiefe Freundschaft verbinden. Er klopfte mir den Hals und sagte: „Ja, Peter, vorläufig kommst du noch in einen anderen Stall, meine Frau, die Hanna, ist krank, sie hatte einen Unfall. Sie kann nicht laufen und nicht reiten. Sie wurde von einem fremden Pferd beim Training geschlagen, ihr Bein ist kaputt."

Das war wieder eine Neuigkeit für mich, die ich überhaupt nicht verstand. Ich begriff nur, dass Hanna mich nicht reiten konnte. Die Gestütswärter hatten mich einige Male mit der Peitsche geschlagen, weil ich vorwärts- statt rückwärtsgegangen war, ein andermal hatte ich einen Schlag auf den Po bekommen, weil ich die Hinterbeine nicht hatte heben können. Aber dass ein Pferd meine erwartete Herrin und Freundin Hanna geschlagen habe, konnte ich mir beim besten Willen nicht vorstellen. Wer weiß, das musste ja ein komischer Artgenosse gewesen sein.

Fritz Beyer schwang sich in den Sattel und ritt mit mir zum Tor hinaus. Es ging über Wiesen, Waldwege, vorbei an Straßen und Häusern, durch schon grünende Felder. An den Wegrändern lag noch ein wenig Schnee, die Waldwege waren sandig, das tat den Hufen gut. Ich war an diesem kühlen Märztag ordentlich warm geworden.

Um nach dem Ort Ketzin zu kommen, mussten wir die

Havel überqueren. Am Ufer stieg Fritz Beyer ab und wir warteten. Ich hatte Angst, als ich das große Wasser sah. Aber Fritz nahm mich beim Kopf und sprach mir gut zu. Nach einer kleinen Weile kam auf dem Wasser ein Ungetüm angeschwommen, es kam näher und näher und hielt vor unseren Augen. Viele Leute und Autos gingen an Land. Nun führte mich Fritz Beyer auf die Fläche des Ungetüms, ich konnte nicht weg, denn ich stand zwischen zwei Autos und Fritz hielt mich am Zügel und beruhigte mich.

Es dauerte kaum zehn Minuten und wir verließen das Ungetüm, die sogenannte Fähre. Ich war froh, als ich meinen Reiter auf meinem Rücken spürte und Sand unter meinen Füßen hatte. Im Schritt ritten wir ins Dorf ein.

Erste Sektion, Fritz Beyer

Auf einem großen Gutshof in einem kleinen Ort im Bezirk Potsdam wurde ich abgesattelt. Sofort kamen einige Kinder aus dem Stall auf den Hof. Sie schrien und schwatzten durcheinander: „Fritz, Herr Beyer, wie heißt das Pferd, wie alt ist es? Bleibt es immer bei uns, darf ich es auch einmal reiten?“ Fritz Beyer beantwortete ruhig die Fragen der Kinder, die um mich herumstanden, mich klopften und streichelten. Ein Mädchen holte gleich das Putzzeug und begann mich zu striegeln, was mir sehr gut gefiel.

„Kinder, seid vorsichtig, die Hinterbeine kann er noch nicht heben.“

Dann brachten sie mich in den Stall, einige Pferde wieherten und begrüßten mich freudig. Ich bekam eine kleine Box voller duftenden Strohs. Die Kinder brachten mir einen Eimer Wasser und einen Berg frisches Heu.

In der Nachbarbox, die mit Gitterstäben abgetrennt war, stand eine Fuchsstute mit Namen Gisel. Das hatte ich von den Kindern gehört. Durch Gisel wurde mir das Eingewöhnen leicht gemacht. Nachdem wir uns beschnuppert hatten, kamen wir ins Gespräch. Ich musste ihr erzählen, woher ich kam, was ich erlebt hatte. Schließlich hatte ich auch etwas zu berichten, denn die Sache mit dem Kaufvertrag war wirklich interessant und gab mir manches Rätsel auf, denn ich kannte manche Begriffe überhaupt nicht. Ich konnte auch so viele Dinge nicht so schnell begreifen.

Gisel erzählte mir sehr viel. Woher mag sie nur die Gabe gehabt haben, so schwere Begriffe zu verstehen und sie sich zu merken?

Der Gutshof war ein volkseigenes Gut (VEG). Alle Reitpferde, es waren zehn, gehörten der Sektion Pferdesport der Betriebssportgemeinschaft (BSG) Lok Ketzin. In dieser Sportgemeinschaft wurde mit Kindern, vor allem mit Jugendlichen, aktiver Sport betrieben. Für das Kraftfutter sorgte die BSG, für Heu und Stroh das VEG.

Weiter erklärte Gisel: „Es gibt zwei Reitlehrer, einmal den Fritz Beyer, den kennst du ja schon. Der andere heißt Henry, den wirst du auch bald kennenlernen. Sie arbeiten beide bei der VEG Tierzucht, das ist die Vereinigung Volkseigener Betriebe mit speziellen tierzüchterischen Aufgaben. Ihr Sitz ist im zwei Kilometer entfernten Schloss Paretz, dem Landsitz der Königin Luise, die vor vielen Jahren die Königin von Preußen war und 1810 noch sehr jung auf Schloss Hohenzieritz an Tuberkulose verstarb. Beide Trainer sind Experten auf dem Gebiet der Pferdezucht. Die Arbeit in der Sektion machen sie nebenbei. Sie lieben Pferde und den Pferdesport. Sie schauen immer nach ihrer Arbeit noch einmal nach uns, streicheln uns die Nüstern und fragen, wie es uns geht. Manchmal kommen sie recht spät, wenn sie eine Besprechung oder Parteiversammlung hatten. Dann stöhnen sie manchmal und sagen, dass wir doch die Besten sind."

„Wer gibt uns denn das Futter, wenn die Trainer tagsüber arbeiten, haben sie doch nicht so viel Zeit?", fragte ich meine Nachbarin.

„Das macht Simone, die bringt uns auch im Sommer, morgens nach Sonnenaufgang, auf die großen Wiesen, dort können wir Gras fressen und miteinander spielen. Fast täglich kommen auch die Kinder, die uns füttern und putzen. Du wirst sehen, in den nächsten Tagen, wenn die Tage länger werden, wird fleißig trainiert, denn bald beginnt die Turniersaison, da müssen wir Pferde und die Reiter viel leisten, wir stehen doch mit anderen Sektionen im Wettbewerb. Bei den Wettbewerben, sie heißen Turniere, müssen wir gut abschneiden."

„Warum gut abschneiden?“, fragte ich. „Ich habe schon einmal von Wettkämpfen beim Pferderennen gehört, da bekommen die Sieger viel Geld.“

„Nein“, sagte Gisel, „bei uns werden nur sportliche Wettkämpfe ausgetragen, im Dressur- und Springreiten. Für dich kommt das noch nicht in Frage, du musst noch viel lernen. Jedes Pferd muss eine gute Grundausbildung haben.“

„Aber woher kommen unser Futter, die Transportwagen, die Sättel, das Zaumzeug, die Ställe?“ Ich hatte viele Fragen.

„Oh, Peter“, sagte Gisel und gähnte, „die Finanzen sind eine sehr schwierige Angelegenheit, aber du hast Glück, meine Mutter war eine sehr kluge Fuchsstute, sie hieß Gundi, sie hat sogar ein Springturnier gewonnen. Sie verstand etwas von Finanzen, sie sagte immer, das sei höchste Pferdepolitik, worüber sich die Menschen streiten. Aber darüber erzähle ich dir morgen, heute müssen wir schlafen. Gute Nacht, Peter!“

„Gisel, sag mal, wer ist Hanna? Warum hat Fritz Beyer Hanna für mich ausgesucht?“

„Das weiß ich doch nicht, du stellst ja philosophische Fragen, jetzt werden wir aber schlafen.“

„Gute Nacht, Gisel.“

Ich konnte lange nicht einschlafen, es war zu viel Neues, was ich gehört hatte. Ich träumte in dieser Nacht, dass ich ein hervorragendes Springpferd wäre, hoch über Stangen und Oxer spränge. In meinem Traum lag ich dann im Wassergraben.

Der nächste Tag war Wochenende. Schon am frühen Morgen kamen die Kinder und putzten uns. Wir bekamen frisches Stroh, Hafer und Mohrrüben. Einige Pferde wurden auf den Platz geführt. Nach mir fragte niemand, Gisel blieb auch im Stall, so konnten wir uns ungestört unterhalten. Ich fragte Gisel, ob sie mir noch etwas von ihrer Mutter erzählen könne. „Du bist ja ganz schön neugierig, Kleiner.“ Sie schnaubte dreimal und dann fing sie an zu erzählen:

„Wie ich dir schon gestern berichtete, war meine Mutter ein vorzügliches Spring- und Dressurpferd, sie holte mit ihrer damaligen Reiterin viele Preise. Alle sprachen immer von Gundi, auf die man sich verlassen könne, sie war außerhalb der Turniere ein begehrtes Reitpferd. Aber nur der Trainer und die schöne Emma, sie war damals vierzehn Jahre alt, durften sie reiten.

Im Frühling, wenn die Turniersaison begann, wurde sie mit dem Viehtransporter durchs Land gefahren, sie konnte dann immer den Gesprächen der Leute im Fahrerhäuschen lauschen. Die Männer und Frauen sprachen fast immer über Pferde und Reiter. Meine Mutter spitzte die Ohren und ihre Nüstern blähten sich vor Stolz, wenn sie ihren Namen hörte. Es wurde auch über Preise für Futter gesprochen und natürlich über die Turniere. So hat meine Mutter, die kluge Fuchsstute, ihr umfassendes Wissen gesammelt. Sie hat es mir erzählt, wenn wir im Herbst auf den schon abgefressenen Koppeln herumstanden, wenn die Felder ringsum gepflügt wurden, wenn uns Regen und Wind das Herbstlaub um die Nase wehte oder wenn wir uns in kalten Nächten aneinanderkuschelten. Wir sind Sportpferde, das ist eine große Auszeichnung, denn Sportpferde müssen gut gebaut sein, vorzügliche Gangarten haben und intelligent sein, damit sie den menschlichen Ansprüchen genügen. Besonders die Dressur erfordert von uns viel Geschick und Einfühlungsvermögen. Pferd und Reiter müssen eine Einheit bilden. Voraussetzung ist natürlich ein guter Reiter, aber Mutter war mit ihrer Reiterin sehr zufrieden.

Wenn wir unsere Sache nicht gut machen, dann müssen

wir meist von der Sektion weg. Es kann auch vorkommen, dass sie uns vor den Wagen spannen. Manche kommen auf die Touristenstation, das soll noch das Beste sein, aber Spaß macht es auch nicht, jeden Tag eine Meute zappelnder und hoppelnder Dilettanten durchs Land zu tragen."

„Halt ein, Gisel, ich verstehe nur die Hälfte", wandte ich ein. „Was ist ein Dilettant?"

„Entschuldige, ich habe vergessen, dass du von alldem keine Ahnung hast. Die gebildeten Leute sprechen von Dilettanten, das sind Menschen, die nie etwas richtig gelernt haben. Sie denken, dass sie reiten können, und verkünden das auch noch. Aber sie können nicht ruhig auf unserem Rücken sitzen, rutschen immerfort hin und her, so dass du nach dem Ritt Schmerzen hast, sie stoßen dich in den Bauch, ziehen dir am Maul. Manche Pferde haben schon Hornhaut in den Mundwinkeln und reagieren nicht mehr auf eine gute, weiche Hand. Du kommst dir vor wie ein Piano, auf dem die unbegabten Schüler herumklimpern."

„Mein Gott, Gisel, du kannst es mir gut erklären, aber sage mir, was ist eine Sektion? Das habe ich noch nicht genau verstanden."

„Na, ist doch ganz einfach. Das ist eine Sportgemeinschaft am Ort. Jeder Kreis oder jede Stadt hat mehrere Sportsektionen verschiedener Sportarten. Unsere Reitsektion gehört zum Kreis Nauen, bei Potsdam. Dort hat Fritz Beyer mit einem Freund eine Reitsektion gegründet. Es gab noch genug Pferde bei den Bauern, die mit ihren Arbeitsgeräten der LGP beitraten, Pferde wurden nicht mehr für die landwirtschaftliche Arbeit gebraucht. Aber für die Freizeit waren sie sehr gut. Die Reitsektionen wurden meist von den landwirtschaftlichen Betrieben, den Volksgütern, genau gesagt volkseigenen Gütern

(VEG), oder landwirtschaftlichen Produktionsgenossenschaften (LPG) gegründet. Wichtig war die Initiative von Privatpersonen. Auch Fritz Beyer hat mit seinem Freund diese Sektion, wo du jetzt reiten darfst, zu seiner Zeit aufgebaut.

Früher, als es noch nicht die großen Maschinen in der Landwirtschaft gab, wurden wir vor den Pflug gespannt und mussten bei größter Sonnenglut über den Acker ziehen, Stunde um Stunde, Furche für Furche, bis das ganze Feld bearbeitet war oder der Abend dämmerte. Das soll sehr anstrengend gewesen sein, hießen doch die Pferde damals Arbeitstiere. Durch die großen Maschinen sind die Pferde als Arbeitstiere überflüssig geworden. Die Bauern waren klug, sie ließen die Pferde nicht schlachten, Reitpferde sind gut für die Freizeit von Kindern und Jugendlichen. Einige von den Bauern haben gesagt: ‚Wir nehmen die Pferde zum Reiten, treiben Sport und beschäftigen die Menschen in ihrer Freizeit.' Ställe und Futter waren vorhanden.

In Ketzin war es Fritz Beyer. Er hatte eine besondere Liebe zum Reiten und es schon in seiner Jugend gelernt. Fritz kaufte einige gute Reitpferde, holte sich junge Menschen heran und arbeitete fast täglich mit ihnen auf dem Platz. Es dauerte kein Jahr, da war eine ordentliche Reitergruppe beisammen. Bald konnten sie zum Maifest für das ganze Dorf eine Reitvorführung veranstalten.

Diese Ansätze gab es im ganzen Land. In unserm Land wurde 1961 der Pferdesportverband der DDR gegründet. Die Sportsektionen mussten dem Verband Rechenschaft ablegen. Die Mitgliedsbeiträge, die sehr gering waren, für Kinder 1,20 Mark der DDR pro Monat, wurden beim Verband abgerechnet. Jedes Pferd bekam seine Futterzuteilung.

Man wollte sportliche Leistungen zeigen. Die Pferde sollten gute Ergebnisse bringen. Das Ziel war ja, internationales Niveau durch Wettbewerb zu erreichen, schließlich ist der Reitsport eine olympische Disziplin. Man benötigt sehr gute Pferde und sehr gut ausgebildete Reiter. Es gab natürlich Enthusiasten, die mit ihrem eigenen Geld gute Pferde kauften und in einer Sektion arbeiteten.

Der Sport war ein Aushängeschild der DDR. Darum wurden der Breitensport und der Leistungssport sehr gefördert. So entstand 1961 der Pferdesportverband der DDR, der auch Turniere organisierte. Verantwortlich waren die einzelnen Sektionen. Neben dem Leistungssport wurde in den einzelnen Sektionen Reiten als Breitensport durchgeführt. Meist waren es Kinder, die für wenig Geld Reiten erlernen konnten. Besonders den in den Dörfern lebenden Arbeitern und Bauern wurde dadurch eine sinnvolle und interessante Freizeitbeschäftigung geboten. Die kleinen Kinder strömten in Scharen in die Reitsektionen und hatten beides, die Liebe zu Tieren und die Ausbildung auf dem Pferd. Der Anfang ist das Voltigieren. Ich war selbst ein Voltigierpferd."

„Erkläre mir das doch noch ein wenig, Gisel, du kannst so gut davon erzählen. Alles kann ich nicht behalten, aber ich höre dir gern zu."

„Ja, das Voltigieren ist eine wunderbare Sache. Das Voltigierpferd läuft in einem Kreis. Anstelle des Sattels wird ein Gurt mit zwei Haltegriffen auf deinen Rücken geschnallt. Der Reitlehrer lässt dich an der langen Leine im Schritt, Trab oder Galopp im Kreis laufen. Die Kinder stehen hinter dem Reitlehrer und dürfen nacheinander auf deinem Rücken sitzen. Sie können dann ganz genau in den einzelnen Gangarten unsere Bewegungen spüren. Dabei lernen sie ein sicheres Sitzen und Ausbalancieren.

Es ist schön, wenn die Kinder sehr sportlich sind. Dann nimmt der Reitlehrer mehrere Kinder zusammen und

bringt ihnen das Turnen auf dem Pferd bei. Die Kinder lernen dann, freihändig auf dem Rücken des Pferdes in den verschiedenen Gangarten zu balancieren und wie im Zirkus richtige Kunststücke auf unserem Rücken zu machen. Sie müssen auf das galoppierende Pferd aufspringen. Manchmal sind es drei oder sogar vier Kinder, die nacheinander auf dem Rücken landen und Figuren bilden. Das sind diejenigen Reiter, die später geschickt und leicht im Sattel sitzen. Das zeigt dir schon, wie wichtig erst einmal das Voltigieren ist, danach ist das Reiten im Sattel viel leichter zu erlernen. Es gibt sogar Wettkämpfe unter den Voltigiergruppen.“So ging der Vormittag vorüber, ich döste vor mich hin, bis am Nachmittag die Kinder kamen, mich putzten und aufsattelten. Dann ging es im Kreise, nach den Anweisungen von Fritz Beyer. So lernte ich auf der Reitbahn in Ketzin, hinter den anderen Pferden einherzugehen. Ich hatte keine Angst mehr vor dem Aufsatteln.

Ich dachte oft an Hanna. Hatte sie mich vergessen? Wann würde sie kommen?

Der nächste Umzug nach Oranienburg

Die Kinder hatten mich ganz schön verwöhnt, eines Tages waren sie sehr traurig, weil ich von ihnen fortgehen musste. Ich sollte jetzt in meine Heimatsektion kommen. Hanna war jetzt genesen und ich sollte, wie schon beim Kauf geplant, in ihrer Heimatsektion in Oranienburg von ihr geritten werden. Aus Freundschaft und Liebe zu mir brachte mich Hans Beyer zum fünfzig Kilometer entfernten Oranienburg. Beim Abschied strich mir Fritz Beyer zart über den Kopf und ich leckte seine Hände.

Ich bekam meinen Platz in einem großen Stall, neben mir stand eine wunderschöne dunkelbraune Stute. Viel Platz hatten wir nicht. Die Ställe befanden sich auf dem Gelände des Volksgutes Luisenhof in Oranienburg. Morgens um 6 Uhr fütterte uns Frau Lehman. Unser Futter war Hafer, der sogar gequetscht war, er schmeckte sehr gut. Frisches Stroh wurde eingestreut und duftendes Heu in die Krippe getan. Alles wurde von Frau Lehmann erledigt. Sie brachte uns auch bei schönem Wetter auf die Koppel. Nachmittags wurden wir von Kindern geputzt und aufgesattelt, und es ging auf den Reitplatz, der unweit vom Hof lag.

Hanna kam mehrmals in der Woche von Berlin und ich ging gern unter ihr im Sattel. Manchmal ritten mich auch andere Kinder, die sehr gut oder weniger gut reiten konnten.

Der Chef und Trainer der Sektion in Oranienburg war Heinz Scharff. Er kam immer am späten Nachmittag, jedes Mal mit einem anderen Auto, auf den Hof geknattert. Vor ihm sprang sein Hund Arco aus dem Auto und dann wuchtete auch er sich aus dem Gefährt. Meine Nachbarin im Stall, die dunkelbraune Stute mit Namen Luisa, erzählte mir viel von Heinz Scharff:

„Er ist kein Bauer, nein, er besitzt eine Autoreparaturwerkstatt, ist aber total dem Pferdesport und den Pferden verfallen. Mit seiner angenehmen, sonoren Kommandostimme beherrscht er nicht nur die Pferde, sondern auch die Kinder und Erwachsenen der Sektion. Alle gehorchen ihm aufs Wort und verehren ihn. Die Sektion in Oranienburg ist sein Werk, denn das Volksgut Luisenhof ist kein eigentliches Gut, es ist ein Anhängsel der Landwirtschaftsschule, die dem Gelände benachbart ist. Seine ganze Kraft, sein ganzes Geld, das er mit der Werkstatt verdient, geht in den Pferdesport. Zum Pferdebestand der Sektion gehören auch eine Reihe von Pferden, die Heinz gehören, und auch du, Peter, bist ja ein Privatpferd. Hanna und Luca waren Heinz Scharff sehr willkommen in der Sektion, denn meistens sind es Kinder und Jugendliche aus Oranienburg, die Lust und Liebe zum Pferdesport haben, vom Volksgut gibt es keine aktiven Mitglieder. Hanna und Luca sind für Heinz eine willkommene Verstärkung für die Leitung der Sektion, Hanna als Ärztin und Vertrauensperson, sie wurde sogar in den Kreisvorstand Pferdesport Oranienburg gesandt und gewählt.

Trotz dieser Konstruktion hat die Sektion einen guten Ruf und Betrieb, eine Voltigiergruppe und Turnierreiter, die rege an Turnieren teilnehmen. Das ist nicht nur Heinz Scharff zu verdanken, seine Frau Else, unter den DDR-Reitern als schnelle Else bekannt, trainiert und reitet extra für den Springsport ausgesuchte und von Heinz gekaufte Pferde zu Siegen und Plätzen bei den DDR-Turnieren für die Sektion Oranienburg. Seine besten Turnierpferde stehen in einem anderen Stall eines Privatgehöftes in Oranienburg. Daneben ist ein kleiner Reitplatz mit einem aufgebauten Parcours. Dort trainiert Else fast jeden Tag mit diesen wunderbaren Pferden,

Heinz nennt sie immer Raketen.“

„Woher hatte er denn das Geld?“, fragte ich meine Nachbarin. „Die sogenannten Raketen müssen doch sehr teuer gewesen sein, denn ich soll schon 5000 Mark gekostet haben.“

„Ganz einfach, durch Talent und Fleiß in seiner Werkstatt. Ich werde es dir später noch genauer erläutern.“

„Ja, bitte tue das, denn ich kann nicht alles verstehen.“

„Ach, weißt du, Heinz war und ist auf jedem Pferdemarkt und in den Gestüten der DDR bekannt. Er richtet Turniere aus, nimmt an Landeswettbewerben teil, seine Frau, genannt die schnelle Else, hat die Pferde über den Parcours gebracht, manchmal sogar fehlerfrei. Heinz hat Ende der sechziger Jahre ein sehr gutes Pferd in Weser für 15.000 Mark gekauft. Mit diesem Pferd, es hieß Jugend, hat seine Frau Else 1977 und 1978 die DDR-Meisterschaft im Springreiten gewonnen. Fast jedes Wochenende werden Wettkämpfe auf Turnieren ausgetragen. Heinz ist mit der Sektion Traktor Oranienburg immer vornan. Es gibt im Kreis noch andere Sektionen, zum Beispiel Friedrichstal, Germendorf, Kremmen, Schmachtenhagen, Vehlefanz, Stolpe (Hohen Neuendorf), Zehlendorf und Velten. Sie gehören alle zum Kreis Oranienburg.

Die Träger sind LPGs oder Volksgüter mit pferdebegeisterten Privatleuten, die in den Pferdesport investieren. Parcours werden aufgebaut, Fahrzeuge organisiert und vieles mehr. In der Sektion gibt es natürlich immer einen Wechsel der Mitglieder. Einige ältere Schulkinder bilden den Stamm. Es sind vor allem Mädchen.“

Ich konnte nicht genug von Luisas Erzählungen hören. Sie berichtete mir so manche Neuigkeit und manches Geheimnis. Ich fragte sie eines Tages: „Wer ist denn der junge Mann, der oft zum Reitplatz kommt und nicht reitet?“

„Ich weiß, wen du meinst, der mit dem grünen Hemd, er

kommt oft und zeigt starkes Interesse an allem, den hat meine Mutter schon gekannt. Sie sagte mir, er sei kein Freund von Heinz, aber natürlich duzen sie sich. Er scheint von der Stasi zu sein.“

Ich verstand es nicht, aber Luisa, die schon so viele Jahre in Luisenhof lebte, wusste darüber Bescheid: „Im Volksmund sagt man dazu auch Horch und Guck, also die Stasileute horchen und gucken und passen auf, ob auch alle Leute treu zum sozialistischen Staat stehen. Mit uns Pferden hat das nichts zu tun. Aber hier haben sie, die Regierenden, Gelegenheit zu erfahren, was und wie die Leute denken.

Unweit von hier, wo Heinz seine sogenannten Raketen stehen hat, gibt es den besonderen Trainingsplatz mit aufgebauten Hindernissen für das Springtraining. Davon habe ich dir bereits berichtet. Dort schaut unser Gucki-Mann wohl oft vorbei. Er unterhält sich dann gern mit Leuten, die dort oft zuschauen, wenn Else trainiert. Ich glaube, Heinz weiß Bescheid über Horch und Guck, er ist doch keineswegs eifersüchtig auf den jungen Mann. Die Stasi hat nichts dagegen, dass Heinz sein verdientes Geld für die Pferde ausgibt. Heinz kennt fast alle wichtigen Leute in Oranienburg, er hat sogar gute Beziehungen zu den in Oranienburg stationierten sowjetischen Militärs. Die Soldaten helfen beim Parcoursaufbau. Sie sind froh, für ein paar Tage oder Stunden dem Kasernenalltag zu entkommen.“

Ich wollte immer mehr wissen. „Ich verstehe nicht, wie hat das alles der Heinz bezahlt? Ich habe gehört, dass die Menschen in der DDR nicht viel verdienen.“

„Ach, Peter, ganz einfach. Ich will es dir noch etwas genauer erläutern. Heinz Scharff besitzt eine private Autoreparaturwerkstatt, sie betreibt er im eigenen Haus. Wenn Heinz nicht bei uns ist, arbeitet er ständig in seiner Autowerkstatt. Es gibt so viele Autofahrer, die zu Heinz kommen. Sein Sohn ist von Beruf Vulkaniseur, natürlich mit eigener privater Werkstatt. Beide verstehen viel von Autos. Sie passen beide vorzüglich zusammen. Jeder, der ein Auto besitzt, braucht eine Reparaturwerkstatt, die auch notwendige Ersatzteile beschaffen kann. Das ist in den staatlichen Werkstätten nicht so einfach. Heinz kennt viele Leute und hat Beziehungen im ganzen Land. Er macht fast jedes alte Auto wieder fahrbereit. Du kennst doch seinen alten Militär-LKW, mit welchem die Pferde zu den Turnieren in die verschiedenen Bezirke transportiert werden. Meist bringt er dieses Vehikel erst am Tag vor Gebrauch in Ordnung. Aber es funktioniert immer vorzüglich.

Im Prinzip gibt es für die Bevölkerung der DDR nur die beiden Automarken Wartburg und Trabant zu kaufen. Da die Leute in der DDR mindestens neun bis zehn Jahre nach der Bestellung auf ein Auto warten müssen, ist der Ausbesserungsbedarf sehr groß. Manche Kunden bringen auch ältere Modelle in die Werkstatt. Ersatzteile muss Heinz immer beschaffen. Seine Beziehungen reichen weit über Oranienburg und den Norden von Berlin hinaus. Du weißt ja, er kommt immer mit einem anderen Auto zum Reitplatz, nämlich mit den reparierten Wagen seiner Kunden, die er ausprobieren muss.

Er verdient gutes Geld. Natürlich wird auch einmal ein Fohlen für die Sektion verkauft. So viel Geld hat das Volksgut nicht, um so gute Pferde zu kaufen, und die Mitgliedsbeiträge sind gering. Meine Nachkommen sind alle als Zuchtpferde oder Reitpferde weggegangen."

Luisa musste erst einmal durchschnauben, sie prustete ordentlich.

„Nun bist du hier, Peter, Hanna ist deine Besitzerin. Du kannst von Glück reden, dass Hanna nach einem Autounfall Heinz kennenlernte. Sie hatte einen Trabant Kombi gefahren, der war bei einem Auffahrunfall ganz schön zusammengedrückt worden. Ich denke, du wirst es gut bei ihr haben. Aber solange du bei uns bist, wirst du vieles durch Heinz lernen. Er ist nämlich der beste Ausbilder und ein richtiger Pferdeflüsterer."

Wieder eine kleine Veränderung, Umzug zu Familie Schlinke

Zum Training nach Luisenhof kam oft Brigitte mit ihrer Stute Sabrina. Hanna kam ebenfalls regelmäßig. Wir ritten oft gemeinsam zum Training. Brigitte war eine junge Frau wie Hanna. Ich sah die beiden sehr oft nach dem Training beieinanderstehen und sich angeregt unterhalten. Ich glaube auch, dass Hanna unzufrieden war, dass ich in dem großem Stall so eng stand. Außerdem wollte sie mich allein reiten, konnte aber nicht jeden Tag nach Oranienburg kommen.

So wunderte ich mich nicht, dass Hanna eines Tages zu mir sagte: „Peter, wir ziehen zu Brigitte, da bist du mit Sabrina zusammen in einem schönen Stall."

Der Stall war gegenüber von Brigittes Haus, nur über die Straße hinweg, auf einem kleinen Gartengrundstück. Bernd, der Mann von Brigitte, nahm mich in Empfang. Ich merkte gleich an seinem Griff, dass er ein Landwirt und ein Sportler war. Er beherrschte viele Berufe, er war auch Bauleiter, Maurer und Automechaniker. Für ihn war es kein Problem, zwei Pferde zu versorgen.

Hanna kam jetzt noch regelmäßiger. Wir ritten dann immer gemeinsam zum Training, manchmal auch ins Gelände. Mit Sabrina verstand ich mich gut. Sie kannte Hanna, denn sie war oft von ihr geritten worden. Sie konnte sich sogar an den Unfall erinnern, den sie vor einem Jahr zusammen gehabt hatten. Sie erzählte es mir schon in den ersten Tagen nach meiner Ankunft im Hause Schlinke. Es passierte an einem Nachmittag. Eine Reihe von Kindern sollten mit den Pferden ins Gelände reiten. An der Tete war ein guter Reiter, die anderen Pferde folgten im Schritt, einer hinter dem anderen, mit den Kindern im Sattel. Hanna ritt mich als Letzte. Plötzlich kam ihr Vordermann ins Straucheln, statt im Trab vorwärtszugehen, machte das Pferd einen Schritt zurück und schlug nach hinten aus. Diesen Hufschlag bekam Hanna an ihrem Unterschenkel zu spüren. Die Kinder konnten natürlich solch ein Pferd nicht beherrschen. Und das Pferd hatte nicht die rechten Hilfen bekommen.

Manchmal war ich mit Sabrina auf einer kleinen Koppel, es war eigentlich nur ein Stück eingezäunte Wiese, wir langweilten uns, das Gras war abgefressen. Am Rande des Zaunes stand ein alter Fliederstrauch, dessen Wurzeln ganz süß schmeckten. So scharrte ich mit meinen Hufen ein tiefes Loch, um an die zuckersüßen Wurzeln zu kommen. Wie erstaunt waren sie alle, als wir abends in den Stall geholt wurden. Ich wurde nicht ausgeschimpft, sondern sogar bewundert ob meiner Fähigkeiten.

Bald mussten meine Hufe beschnitten werden. Alle sprachen vom Schmied, der meine Hufe pflegen sollte. Aber ich konnte meine hinteren Beine nicht heben. Keiner hatte mir das Ausbalancieren auf drei Beinen beigebracht. Also wurde ich eines Tages mit Hilfe eines Strickes, den sie mir um Kopf und Beine anlegten, in die Knie gezwungen. Der Schmied kam und verschnitt und verputzte meine Hufe in liegender Stellung. Ich wollte aufstehen, aber ich konnte nicht. Es war eine fürchterliche Prozedur.

Moor und Morast

Als ich nach Oranienburg kam, verstand ich nichts vom Reiten oder von den bestimmten Gangarten, wie man unser Fortkommen nannte. In Ketzin war ich einfach hinter den anderen Pferden hergegangen. Ich hatte meine natürliche Gangart, die oft ungezügelt war. Fritz Beyer hatte mir die Grundbegriffe beigebracht.

Ich hatte Angst vor den anderen Pferden und auch davor, ins Wasser zu gehen. Ich übersprang jede Pfütze. Woran lag das?

In meinen jungen Jahren, als ich noch ein Hengst war, galt ich als sehr ungestüm. Eines Tages erblickte ich eine wunderschöne Stute auf einer grünen Wiese. Ich wieherte und machte auf mich aufmerksam, sie blickte sich um und nahm mich wahr. Ich musste unbedingt zu ihr, ich war völlig verrückt, mein Penis wurde größer und größer. Mit erhobenem Schweif versuchte ich mich ihr zu nähern. Sie trabte davon in die Ferne. Ich galoppierte nun blind auf sie zu über die grünen Wiesen. Auf einmal wurde der Boden weich und nass unter meinen Füßen, mein Gang wurde schwer und schwerer. Ich sank ein im Moor und Morast, bekam die Beine nicht mehr hoch. In meiner Angst wollte ich mich durch kräftige Bewegung befreien, aber mein schwerer Körper sank immer tiefer. Mit Mühe konnte ich meinen Kopf emporhalten. Da hörte ich Stimmen, es kamen Männer, die mich aus dem Sumpf befreiten, mich dann mit Wasser abspritzten und mich im Kreise herumführten, bis ich trocken war. Seit dieser Zeit ging ich niemals mehr in irgendein Gewässer. Ich hatte schon vor Pfützen Angst.

Lektionen

In Oranienburg hörte ich das erste Mal etwas von unseren Gangarten: Schritt, Trab und Galopp. Ich lernte die Lektionen kennen. In Ketzin war ich immer mit den anderen Pferden im Kreis gegangen. Jetzt musste ich allein gehen. Ich musste die erste Zeit im Kreis an einer langen Leine, der sogenannten Longe, gehen und auf die Stimme des Trainers achten, die sehr angenehm, aber bestimmt klang. Dann setzte Heinz Scharff, der Trainer, gut ausgebildete Reiter auf meinen Rücken. Der Reiter sollte mich erst einmal ins Gleichgewicht bringen und selbst die Balance halten.

Der Schwerpunkt eines stehenden Pferdes liegt zwischen den Schultern, weil die Vorhand mit dem Kopf und dem vorwärtsgeneigten Hals stärker belastet ist als die Hinterhand, die weniger zu tragen hat. Auf die Vorhand wirkt nun noch das Gewicht des Reiters. Der Schwerpunkt muss jetzt mehr nach hinten verlegt werden, unter die Senkrechte des Reiters, zwischen die Hüften des Pferdes. Die Verlegung des Schwerpunktes nach hinten geschieht dadurch, dass der Reiter durch treibende Hilfen das Pferd an die stehende Zügelfaust reitet, wobei die Nasenlinie leicht vor der Senkrechten bleibt und sich der Hals aufrichtet. Man nennt das beizäumen. Das ist eines der Hauptmittel, um das Pferd im mittleren Gleichgewicht zu halten, dadurch werden die Elastizität des Ganges und die Wendigkeit des Pferdes gefördert. Der Reiter muss eine stetige, ruhige Hand bekommen, das heißt, dass die Zügelhand ihre Funktionen ganz selbständig ausübt.

Jede Arbeit, die das Pferd zu verrichten hat, geht von der Hinterhand aus, deshalb ist der ruhige Sitz des Reiters so wichtig. Die Schenkelhilfen dienen der Lenkung des Pferdes durch Druckausübung auf die Flanken. Der Druck wird mit den Knien und einem leichten Anlehnen der Waden ausgeübt. Ganz wichtig ist die Balance, die stete Übereinstimmung des Schwerpunktes des Reiters mit dem des Pferdes. Ebenso bedeutsam ist die Beherrschung der Hinterhand durch das Verharren des Gesäßes im Sattel in der Bewegung. Die Gewichtshilfen müssen beim Reiter aus dem Kreuz kommen und sind erst allmählich zu erlernen.

Von der Theorie verstand ich wenig, aber ich merkte sofort, wenn ein ungeübter Reiter Fehler machte. Manchmal sagte Heinz: „Reiten lernt man durch Reiten." Das ist wie mit einer Fremdsprache. Man lernt die Sprache am besten, indem man viel miteinander spricht. Aber die Grammatik ist doch sehr wichtig. Es gibt doch viele Menschen, die eine Fremdsprache sprechen und verstehen, aber nicht schreiben können. Sie sprechen im Jargon ihrer Umgebung, aber oft so falsch, dass es wehtut, die eigene Muttersprache so schlecht hören zu müssen.

Jung Albert, der Sohn von Hanna und Luca, kam zweimal in der Woche zum Training. Mit viel Geduld brachte Heinz Scharff ihm das Reiten bei. Ich ging im Trab. Ich hörte unzählige Male: „Sitzen, Junge, sitzen, Knie herunter, groß werden, noch größer! Nimm die Hände herunter, stell die Fäuste zusammen, setz dich hinten herein." Ich spürte, wie die Kräfte des Jungen nachließen, er konnte nicht mehr fest im Sattel sitzen. Gott sei Dank hieß es jetzt „Schrrritt". Ich war selbst froh, als die Stunde beendet war.

In den nächsten Stunden ging es schon besser mit Jung Albert, ich ging im Trab schneller und schneller. Ich wurde am Zügel gezogen und empfand das als unangenehm im Maul, so dass ich den Kopf hochwarf und einige Galoppsprünge vollführte. Der Trainer tobte: „Nicht am

Zügel ziehen, hinten reinsetzen! Lass das Pferd auf der Geraden frei laufen."

Jetzt hieß es „Volte links". Das machte ich fast von allein, ich hatte es mit den guten Reitern geübt. Allerdings wusste ich nicht, wie ich weitertraben sollte. „Wirst du das Pferd auf den Hufschlag bringen, bleib doch sitzen und reite vorwärts!", schrie der Trainer. Die nächsten Volten auf der langen Bahn klappten besser. Die Stunde war vorüber, ich konnte ausruhen, bekam das Zaumzeug und den Sattel abgenommen, man stülpte mir das Halfter über und band mich am Pfosten fest. Ich wartete auf die Kinder, die mich putzen wollten, als ich hörte, dass Heinz Scharff zu Jung Albert sagte:

„Na, mein Junge, du hast doch schon schöne Fortschritte gemacht, ja, zur Beherrschung des Körpers und des Pferdes gelangt man nicht durch wenige Übungen, das ist ein Geduldsspiel, das Wochen, Monate, Jahre dauert. Aber ich werde dir das Sitzen zu Pferde beibringen, du sollst nicht wie eine Wäscheklammer im Sattel sitzen."

Jung Albert war frühzeitig aufs Pferd gesetzt worden. Ich liebte ihn besonders. Er war mein Lieblingsreiter und das sollte auch so bleiben. In den nächsten Wochen ritten wir in der Bahn, da passierte das Unglück. Heinz gab das Kommando zum Galopp, ein Kind war in die Bahn gelaufen, ich wollte ausweichen, knickte mit der Vorderhand ein, hielt an und bums: Mein Reiter fiel herunter. Ich hielt geduldig still. Jung Albert stieg wieder auf und wir erholten uns beide von dem Schreck während einiger lockerer Trabrunden.

In den nächsten Wochen freute ich mich immer, wenn Jung Albert auf meinem Rücken saß. Er hatte große Fortschritte gemacht, konnte ruhig sitzen, kaum spürte ich sein Gewicht. Er hielt mich im Mitteltrab, konnte das

Tempo beschleunigen, auch das Angaloppieren klappte. Heinz Scharff lobte uns und ich war mächtig stolz.

So lernte ich in Oranienburg alle Gangarten und vor allem Disziplin in der Bahn kennen. Ich lernte links angaloppieren, rechts angaloppieren. Ich lernte die Volte rechts und links. Ich spürte genau, wenn die Reiterin die Außenseite ihrer Schenkel locker ließ und die Innenseite anspannte. Die Hinterhufe zielten in die Abdrücke der Vorderhufe. Ich musste ja genau wieder auf dem Hufschlag landen. Mit Hanna machten die Übungen richtigen Spaß.

Umzug nach Berlin-Buch

An einem Tag im Juni, es war ein frischer Morgen, wurde ich von Hanna aufgesattelt, ich bekam die Trense und Hanna schwang sich in den Sattel. Ich wunderte mich sehr, es ging nicht die Straße zum Reitplatz, sondern die Straße entlang dem Walde zu. Es war ein schöner, weicher Waldweg, den ich nicht kannte. Von ferne hörte man manchmal ein Motorengeräusch. Die Straße musste in der Nähe sein. Hanna hielt mich vorerst im Trab. Aber bald ging es im Trab oder im Galopp weiter auf sandigen Wegen. Manchmal trällerte Hanna ein Lied.

Ich verlangsamte plötzlich meinen Gang, denn ich sah von weitem eine bewegte Tiergruppe, die auch Hanna bald entdeckte. Es war eine Bache mit ihren Frischlingen. Ich trabte an den Wildschweinen vorbei, sie rochen nach frischem Grün und Schweiß. Hanna nahm mich fester an den Zügel. Doch sie beachteten uns nicht. Ich merkte, dass Hanna mich wieder gelöster vorwärtstrieb. Es war ein langer Weg. Bald kamen wir auf eine Straßenkreuzung, ein großes gelbes Schild zeigte uns das Dorf an. Hanna las den Ort Summt. „Na, noch ein Stündchen und wir sind am Ziel."

Es ging wieder im Schritt an der Straße entlang weiter und weiter. Um nicht auf dem harten Straßenpflaster zu gehen, führte mich Hanna auf den Grasstreifen entlang der Häuser. Doch da schimpften die Leute: „Gehen Sie doch auf die Straße mit dem Gaul." Ich wurde schon müde. Ich kannte den Weg nicht. Endlich kam wieder ein Sommerweg und wir konnten im Trab vorankommen.

Irgendwann gegen Mittag kamen wir im Ort auf einem Gehöft an. Hanna sagte beim Absteigen trotz unserer Müdigkeit fröhlich: „Hier bist du jetzt zu Hause, in Buch, der Ort gehört noch zu Berlin."

Ich konnte schon etwas von meiner neuen Heimat kennenlernen. Das Gehöft gehörte zur LPG Frohe Zukunft. Es war eine Genossenschaft für Gemüseanbau. Es standen allerlei landwirtschaftliche Geräte herum, rechts befanden sich das Wohnhaus und eine Scheune, die nach frischem Stroh duftete. Mehrere Leute begrüßten uns auf dem Hof. Unter ihnen war ein großer älterer Mann, der an einem Tisch voller geschnittener Rosen saß. Er stand auf und mit seinen riesig großen Händen klopfte er mir den Hals. Er war der Chef der Blumenzucht der LPG. Er mochte Pferde, das spürte ich.

Hanna führte mich an ihnen vorbei, ein vertrauter Geruch kam mir von dem zur linken Hand aufgetürmten Misthaufen entgegen. Hanna band mich neben der Stalltür an, nahm den Sattel ab und rieb mich mit dem Striegel und der Bürste glatt. Sie führte mich in den Stall in eine große Box. Ich konnte einige Meter hin und her laufen und das tat ich auch, denn ich war sehr aufgeregt. Neben meiner Box stand noch ein anderes Pferd, dessen Box ebenso groß war wie die meinige, aufgeregt wie ich. Durch die Gitterstäbe der nicht allzu hohen Trennwand beschnupperten wir uns gründlich. Wie ich später erfuhr, war es eine Stute, die nun meine Gefährtin sein sollte. Sie hieß Vakanz, ein Vollblut, dunkelbraun, fast schwarz. Sie war auch sehr unruhig. Ich lief in der Box hin und her, die Box war ziemlich groß, mindestens drei Pferdelängen breit. Ich wäre am liebsten davongaloppiert, aber ich war eingesperrt.

Hanna gab mir reichlich Wasser und Futter und sagte zu mir: „So, Peter, für heute haben wir genug geleistet und Abenteuer gehabt. Auf Wiedersehen bis morgen früh."

Ich trank einen Schluck von dem Wasser aus dem Eimer, der in der Ecke stand, wühlte und scharrte in dem frischen, wohlriechenden Stroh. Alles war neu für mich. Hanna hatte gequetschten Hafer und Mohrrüben in die Futterkrippe geschüttet, auch Vakanz, meine neue Nachbarin, bekam ihr Futter, so kauten wir nebeneinander. Vor Aufregung wurde viel gepustet, aber es schmeckte vorzüglich.

Ich nahm den wunderbaren Geruch meiner Nachbarin wahr, das gab mir ein Heimatgefühl, es war nicht die ruhige Sabrina, nein, aber eine Stute, wild und unnahbar. Ich konnte sie durch die Gitterstäbe sehen, die zwischen den Boxen waren. Auch sie schien sehr erregt, sie scharrte, wieherte und lief mit erhobenem Schweif hin und her. In der ersten Nacht konnte ich kaum schlafen, mit meiner Nachbarin hatte ich noch kein Wort gewechselt, war sie stolz und eingebildet?

Am nächsten Morgen kam Hanna, es war 6 Uhr. Der ganze Raum war hell und wurde vom Sonnenlicht durchflutet, das durch die oberen Fenster einfiel. Wir bekamen beide unser Futter und einen Eimer frisches Wasser, Hanna mistete die Box aus und streute frisches Stroh ein. Ich gewöhnte mich schnell an das Ritual und wurde bald unruhig, wenn sie mal paar Minuten später kam. Nachmittags wurde ich aufgetrenst, gesattelt und auf die in der Nähe gelegene Wiese geführt, die Hanna von der Bäuerin Mewes gepachtet hatte.

Hanna hielt mich am Zügel, sie zog die Steigbügel zurecht. Als sie ihren linken Fuß in den Bügel schob, ließ sie die Zügel ein wenig locker und ich stob im Galopp davon. Hanna war geschickt, sie schwang sich in den Sattel und bald hatte sie mich im Griff, sie beruhigte mich und ritt mich auf der großen Wiese, die noch nicht eingezäunt war. Manchmal galoppierte sie mit mir ein Stück den Feldweg entlang bis zu dem kleinen Bach, der Panke. Entlang der Wiese ratterten Ungetüme vorbei, mal länger, mal kürzer. Hanna sagte zu mir: „Vorsicht, es ist die Eisenbahnstrecke, dort können wir nicht reiten.“ Ich hatte auch große Angst, wenn die Züge vorbeifuhren, und der Lärm war mir sehr unangenehm, am liebsten wäre ich fortgaloppiert.

Als ich zurück in den Stall kam, war der Hafer in der Krippe, es roch nach frischem Heu und Stroh, einen halben Eimer Mohrrüben bekam ich immer als Nachtisch. Gegen Abend wurde ich jeden Tag im Hof angebunden, Luca versuchte mein Hinterbein zu heben, um die Hufe auszukratzen, ein wenig ging es schon, aber dann stützte ich mich mit den Sprunggelenken in seine Hände, keiner kam an die Hufe. Hanna jammerte: „Was soll bloß werden, wenn der Schmied kommt?“

Eines Tages, als Luca wieder mit mir exerzierte, kam der Besitzer von Vakanz dazu. „Sie sind zu lasch mit dem Pferd.“ Er gab mir mit einer zusammengeknüllten Zeitung eines über meinen Kopf. Ich sprang hoch und stampfte mit allen vier Beinen. Das war doch die Höhe, ich hatte doch nichts Böses getan. Ich war so eingeschüchtert, dass ich einige Tage nicht mehr mit Hanna oder Luca gesprochen habe, keine Begrüßung mit Wiehern, kein Schnuppern, ich war sehr beleidigt. Aber Hanna ritt mich täglich, klopfte mir den Hals und liebkoste meinen Kopf.

Ich war immer noch sehr unruhig; wenn sie mich losgebunden hatte, wollte ich gleich weg. Gut, Hanna beherrschte das Aufsitzen. Sie hatte die Zügel in der linken Hand und den linken Fuß im linken Bügel, dann schwang sie sich mit dem rechten Bein über meinen Rücken und saß im Sattel. Nun hatte sie mich mit dem Zügel wieder unter Kontrolle. Manchmal sahen wir, wie die Kinder auf eine Kiste stiegen und von da in den Sattel. Das gab es bei Heinz nicht. Jeder musste selbständig in den Sattel steigen, egal wie das Gelände war.

Abends, wenn Luca mich von der Wiese nach dem Reiten zum Stall brachte, band er mich an einem Ring neben der Stalltür fest. Mit Bürste und Striegel bearbeitete er mein Fell. Die Bürstenstriche mit seinen starken Händen waren wunderbar, er hätte das stundenlang tun können. Mit dem Striegel hatte er auch ordentlich zu tun, denn es verging kein Tag, an dem ich mich nicht nach dem Reiten ausgiebig gewälzt und gesielt hätte. Wenn Luca glaubte, genug geputzt zu haben, legte er Bürste und Striegel auf die Fensterbank. Dann sagte er zu mir: „So, Peter, jetzt kommen noch die Hufe und dann geht es in die Box."

In den ersten Wochen in Buch hatten wir beide, Luca und ich, damit keine Freude. Er griff an meine Fessel, sagte „Fuß" und versuchte das Bein nach hinten anzuheben. Mit den Vorderbeinen ging das ganz gut, Luca kratzte den Huf aus. Aber was war mit den hinteren Beinen? Anfangs ging gar nichts, später versuchte Luca mit aller Kraft ein Hinterbein von der Erde zu reißen, ich rührte mich nicht. Einige Tage später gelang es Luca, ein Hinterbein hochzureißen. Aber jetzt lag mein ganzes Gewicht in seinen Händen. Luca brach fast zusammen. Immer redete er mir gut zu und streichelte mich liebevoll. Endlich, eines Tages begriff ich, dass ich auch auf drei Beinen stehen konnte. Nun war es geschafft und die Hufe wurden täglich gepflegt.

Ich wurde sehr gelobt. Nun waren alle glücklich. Es war ja auch gar nicht so schwer, denn ich wusste, dass mir nichts passieren konnte, da war meine Angst verschwunden. Außerdem gab es immer nach dem Auskratzen der Hufe ein Leckerli. Nun konnte der Schmied kommen, er kam auch nach einer Woche, er war ganz erstaunt, wie gut ich alles konnte, alle vier Hufe wurden sorgfältig ausgeschnitten. Ich hatte keine Schmerzen. Ich fühlte mich danach auf den vier Beinen viel besser.

Abends habe ich ganz stolz meiner Nachbarin Vakanz von meinen Erfolgen berichtet. Es hat sie kaum interessiert, sie war von frühester Jugend an die regelmäßige Pflege gewöhnt. Schließlich war sie einmal ein bekanntes Rennpferd gewesen. Ihr Reiter hieß Bernhard, er hatte sie von ihrer ehemaligen Besitzerin übernommen.

Gegen 6 Uhr am Morgen hörte ich immer den Motor von Lucas Auto, dann vernahm ich seinen markanten Schritt, da wusste ich, dass es Futter geben würde. Ich begrüßte ihn immer wiehernd. Auch Vakanz hatte sich an die Futterzeiten gewöhnt. Bernhard kam immer erst gegen Mittag, das war wieder für beide eine schöne Abwechslung, er schmuste viel mit mir, ich durfte ihm sogar das Gesicht lecken.

Ausbrecher, Suche nach Peter

Nachmittags war es manchmal sehr langweilig in unserem Stall. Die große Wiese war noch nicht vollständig eingezäunt, so dass wir uns nicht ohne Aufsicht auf der Wiese tummeln konnten. Ich hatte mich zwar mit meiner Nachbarin, deren Box mit Gitterstäben gegen die meinige abgegrenzt war, schon etwas besser bekannt gemacht. Ihr Herr, der Bernhard, kam meist erst gegen Mittag. Er hatte keine feste Arbeit, liebte die Freiheit, verdiente sich sein Geld durch Lederwarenausbesserungen, zum Beispiel arbeitete er alte Sättel auf. Auch ich trug manchmal so einen alten Militärsattel, der aus dem Ersten Weltkrieg stammte, er war sehr angenehm für mich.

Morgens bekam Vakanz mit mir zusammen ihr Futter von Hanna oder Luca. Mein Futter war in einer großen Futterkiste, die in dem großen Raum außerhalb der Box stand. Das Wasser lief mir schon aus dem Maul, wenn ich den Deckel aufklappen hörte. Im großen Stall standen Fässer und Säcke, daraus holte Hanna das Futter für Vakanz. Wenn Bernhard kam, gab er mir immer eine Leckerei, entweder ein Stück Brot oder eine Mohrrübe. Bernhard war ein richtiger Pferdenarr, er tätschelte mich und ich hatte Vertrauen zu ihm. Er machte Vakanz manchmal ganz toll eifersüchtig.

An einem Freitag war es, da hatte ich besonders Langeweile. Es war im November, die Tage waren kurz, längst war es dunkel und ich musste lange auf Hanna und Luca warten. Ich lief in meiner Box hin und her und rüttelte an der Tür. Der Riegel klapperte, dieses metallische Geräusch, das ich erzeugen konnte, machte mir Spaß. Da, auf einmal, was war das? Die Tür ging nach außen auf. Ich tastete mich vorsichtig aus der Box und stand im großen Stallraum. Die Lichter vom Hof, die durch die hohen Fenster drangen, erleuchteten den Raum. Vakanz war ganz aufgeregt, sie wieherte: „Was machst du da, wie kommst du in den Raum? Ist deine Tür von der Box nicht verriegelt?“

Ich beschnupperte neugierig alle Dinge, mit meiner Nase schupste ich den Deckel von einem Fass. Ei, da waren Mohrrüben, ich schnurbste einige, da roch es doch noch nach etwas anderem, ein mir bekannter Geruch fuhr in meine Nase. Ja, da hing ein Sack mit Brot, da musste ich ran. Es war gar nicht so einfach, er war zugebunden. Ich riss daran, versuchte die Hülle zu zerbeißen, einige Stückchen hatte ich mir schon ergattert. Ich hatte bald ein Loch gerissen, jetzt war der Inhalt auf den Boden gefallen, da konnte ich mir die schmackhaftesten Leckerbissen heraussuchen.

Wenn ich doch bloß etwas Wasser gehabt hätte, mein Durst war groß. Ich lief im Stall herum, zupfte an den Heuballen, aber Wasser fand ich nicht. Ich stieß an einen leeren Eimer, der kippte um und machte einen Höllenlärm, was Vakanz zu einem missbilligenden Brummen veranlasste.

Ich hörte Schritte auf dem Hof, bekannte Schritte und Stimmen, auf die ich jeden Abend wartete. Das große Tor des Stalles wurde aufgeschlossen, das Licht angezündet. Ich hörte nur Hannas entsetzte Stimme. „Mein Gott, wo ist denn Peter?“ Sie hatte mich gar nicht gleich bemerkt, denn ich stand zwischen den Fässern und Kisten und Heuballen in der äußersten Ecke des großen Stalles. „Peter“, sagte sie nur ganz ruhig, „komm, wir gehen in die Box.“ Ich folgte bereitwillig. Hanna rief nach Luca und erzählte ihm ganz aufgeregt, wie sie mich vorgefunden hatte. Jetzt kam auch Bernhard, der musste lachen über den Vorfall und sagte nur: „Bewegen, bewegen.“

Ich bekam das Halfter übergestülpt, sie machten mir einen Gurt an den Kinnriemen des Halfters fest. Im Dunkeln wurde ich auf die Wiese geführt, die nicht eingezäunt war. Ich musste im Kreise an der langen Leine, der Longe, gehen, zuerst im Schritt, dann knallte Luca ein wenig mit der Peitsche und ich trabte im Kreise, die Longe war fest angezogen. Ich fiel in den Galopp, wäre gar zu gern davongaloppiert. Auf einmal sah ich in der Ferne ein Licht aufblitzen, ich bekam einen Schreck und große Angst. Ich bäumte mich auf und schnellte zur Mitte des Kreises. Dabei verhaspelte ich mich in der langen Leine. In meiner Panik drehte ich mich um und raste im Galopp davon.

Ich schleifte Luca, der die Longe noch festhielt, über die Wiese. Ich war stärker, er musste loslassen. Blind und toll vor Angst rannte ich dem Hof zu, auf dem sich unser Stall befand. Der Hof war hell erleuchtet, ich verpasste aber den Eingang zum Stall und galoppierte geradewegs zum hinteren Tor hinaus. Als ich innehielt, merkte ich, dass es ganz dunkel um mich herum war. Wo war mein Stall, wo war Hanna? Ich war mutterseelenallein auf weiter Flur. Ich stapfte über das Feld und kam auf die Straße, ich ging am Rand der Straße, immer diese blöde Leine, den Longen-Gurt, neben und hinter mir herschleifend. Plötzlich sah ich die schwarze Brücke vor mir, Eisenbahnzüge ratterten darüber, das machte mir Angst. Also drehte ich um und lief in die entgegengesetzte Richtung. Ich kam an Menschen vorbei, die riefen: „Halt, halt!“ Da trabte ich schnell davon, bog von der Hauptstraße in die Dunkelheit, in eine Straße, wo weniger Autos kamen. Rechts von mir war ein Feld, das war beruhigend. Ich trabte wieder ein Stück und dachte an Hanna, sie musste mich doch suchen, warum kam sie nicht, wo war Luca, er hatte mich doch an der Longen-Leine geführt. Ich trabte weiter, ein bekannter Duft stieg mir in die Nase. In der Nähe mussten Artgenossen sein. Ich trabte schneller. Da sah ich im Halbdunkel ein Gefährt. Der Wagen ratterte langsam über die Chaussee. Ja, richtig, meine Nase hatte mich nicht getäuscht, es war eine alte Stute, der das Ziehen des Wagens schon Mühe machte. Nun war ich kurz hinter dem Wagen, die Stute hielt, der Mann auf dem Bock gab ihr einen Hieb mit der Peitsche und brummelte vor sich hin. Jetzt hatte ich mich ganz an den Wagen herangemacht, ich lief im Schritt neben dem fremden eingespannten Pferd. Der Kutscher hatte mich gar nicht bemerkt, erst als ich wieherte und die alte Stute brummte, wurde er aufmerksam.

„Na, wen haben wir denn da, du bist sicher vom Reiterhof abgehaun, da werden wir dich hinbringen, das gibt noch ein schönes Schlückchen."

Es waren keine fünfhundert Meter, da überquerten wir eine Straße und das Gefährt lenkte in das Hoftor ein. Hunde bellten, Pferde, die aus den Boxen schauten, wieherten, es war ein schöner Pferdehof. Draußen stand ganz groß drangeschrieben: „Brigittes Reiterhof". Nun kam auch schon die Chefin.

„Was wollen Sie denn hier? Mein Gott, der ist ja total blau."

„Nee, nee, ick bringe Sie ihr'n Gaul, hab'n se den nich vermisst?"

„Ich habe kein Pferd vermisst, aber Moment mal, das ist doch der Peter von Hanna, wo haben Sie den denn aufgelesen?"

Der alte Mann war von seinem Kutschbock herabgeklettert und torkelte im Hof hin und her, tätschelte sogar meinen Hals. „Der is mir unterwegs zugelaufen."

Er erhielt ein Trinkgeld, stellte sein Pferd mit Wagen einige Meter vom Hof ab und ging in die nächste Kneipe. Ich war ganz schön verschwitzt und wurde erst einmal mit einem Bündel Stroh abgerieben, nachdem man mir die Longe entfernt hatte. Brigitte, die Chefin vom Hof, gab einem jungen Mann die Anweisung, sofort zu Hanna auf den Gutshof zu fahren und Bescheid zu geben, dass ich gefunden sei, sie solle sofort kommen.

Nun konnte ich mich auch ein wenig auf dem fremden Hof umschauen. Links und rechts waren Gebäude mit Ställen. Da schauten wunderschöne Pferdeköpfe aus ihren Boxen zu mir, sie wieherten und waren neugierig, wer ich wohl sei. Ein Mädchen führte mich sogar in die Stallgasse, und da konnte ich mich mit den Artgenossen beschnuppern.

„Wer bist du, woher kommst du, wirst du bei uns bleiben?" Ich hatte keine Antwort, alles war mir neu. Ich wollte ja nach Hause, in meine Box. Die hiesigen Pferde sahen sehr schön aus, sie waren etwas kleiner als ich, hatten wunderschöne Schweife. Es war eine andere Rasse, sogenannte Araber. Wie nannte man meine Abstammung, ich erinnerte mich an den Kauf in Groß Kreutz, ich war ein edles Warmblut mit Trakehner Einschlag, das heißt, meine Vorfahren waren einmal aus dem Gebiet von Ostpreußen gekommen.

Man gab mir einen Eimer Wasser, den ich sofort austrank. Um mich herum waren Kinder, die mich streichelten, bürsteten und mir gut zuredeten, so dass ich schon ganz ruhig wurde. Was hörte ich da, es war der Schritt von Luca. Ich wieherte laut. Jetzt kam er mit Bernhard über den Hof in die Stallgasse. „Na, du Ausreißer, das war ein schönes Malheur." Er klopfte meinen Hals und ging zum Stall wieder hinaus. „Ob er mich mitnimmt?", dachte ich. Ich hörte seine Stimme und die von Brigitte. Luca erzählte, wie alles passiert war, und klagte über seine linke Schulter, denn ich hatte ihn über die große Wiese geschleift, ehe er die Longe losgelassen hatte. Ich hörte nur: „Wir warten auf Hanna."

Inzwischen hatte ein schöner Schimmel mich etwas ausgefragt, woher ich komme, wo mein Stall sei. Ich fand hier alles wahnsinnig interessant. Nicht alle Pferde hatten so schöne Boxen wie die Araber. Ungefähr zehn Pferde standen im gegenüberliegenden Stall nebeneinander an den Ketten. Ich entsinne mich, dass ich in Groß Kreutz auch so in Reih und Glied gestanden hatte. Eine große Box, wo man nicht angebunden ist, ist doch viel besser.

„Ja", sagte die Schimmelstute, „wir sind die Privatpferde von Brigitte, und die da drüben sind Touristenpferde, sie gehören dem großen Gestüt in Neustadt (Dosse), die haben sie aussortiert, weil es Pferde sind, die nicht mehr auf Turniere gehen. Hier werden sie von Hobbyreitern ins Gelände geritten. Brigitte ist für alles verantwortlich und arbeitet für das Gestüt."

Es dauerte nicht lange, da kam Michael, der Sohn vom Pferdehof, mit dem Trabi auf den Hof gefahren und Hanna stieg aus und umarmte mich, ich glaube, ich habe Tränen über ihre Wangen laufen sehen. Bernhard holte von Brigittes Sattelkammer einen Sattel, ich wurde aufgetrenst und los ging es in Richtung Buch. Wir trabten entlang der Landstraße, manchmal ließ mich Bernhard sogar galoppieren. Er saß sehr gut, ich kannte seinen Geruch, seine Stimme. Als wir im Gutshof in Buch ankamen, waren Hanna und Luca schon da.

Tränenüberströmt empfing mich Hanna. „Was habe ich für Angst um dich gehabt, verzweifelt war ich. Du bist ein ganz schönes Katastrophentier." Die Freude war groß, ich wurde in meine große Box geführt, die nach frischem Stroh roch. Ich musste Vakanz noch etwas von meinem Abenteuer berichten. Bald schlief ich ein und träumte von den Autos auf der Straße, von fremden Pferdehöfen und der schönen Schimmelstute.

Alt-Buch

Inzwischen hatte Luca mit seinem Freund Wilhelm und anderen fleißigen Helfern die Wiese eingezäunt. Ein Teil war für die Reitbahn angelegt. Jetzt konnte ich mit Vakanz tagsüber auf der Koppel sein.

Ich hatte mich hier in Alt-Buch eingewöhnt. Jeden Morgen um 6 Uhr hörte ich das Geräusch von Lucas Auto, man nannte es Trabi, sein Schritt war unüberhörbar. Vor Freude lief ich mit erhobenem Haupte in der Box, die mindestens drei Pferdelängen breit war, hin und her. Ich wurde jetzt immer sehr gelobt, ich hob meine Vorder- und Hinterbeine, wenn sie mir die Hufe auskratzen wollten. Es war wirklich ganz leicht, als ich es endlich kapiert hatte. Manchmal führte mich Hanna noch in der Frühe auf die Reitbahn und wir arbeiteten eine Viertelstunde, ich ging im Schritt, im Trab, im Galopp in der Bahn die Diagonale und musste dann wieder ganz still stehen. Es machte mir jetzt viel Spaß. Ich konnte jetzt täglich auf der Koppel sein, außerhalb der Reitbahn gab es viel grünes Gras. Manchmal gingen Leute den Feldweg entlang, sie bewunderten uns und wollten mich streicheln, was ich aber gar nicht mochte. Vakanz sorgte dafür, dass mir keiner zu nahe kam.

Am Wochenende sattelte mich Hanna und es ging nicht auf die Koppel. Wir mussten ein Stück an der Straße entlangreiten, schön brav im Schritt. Doch bald bogen wir in den Wald ab. Da ging es im Trab auf Waldwegen, später durch Feldwege, die sogenannten Rieselfelder, das war ein Geruch, den ich vom Lande kannte. Und wieder kamen wir in den Wald. Ich konnte galoppieren, traben. Der Boden war weich, aber fest. Hanna sang dann im Takt: „Und ich reite froh in alle Ferne, über meinen Wipfel nur die Sterne." Hanna sang das Lied des Öfteren im

Gelände, ich habe es auch gelernt. Nach einem scharfen Galopp klopfte sie mir immer den Hals. Ich empfand diese Ausflüge als wundervoll. Ich fühlte mich mit Hanna eins, geborgen, frei und ich war ganz in meinem Element. Auf unserer Koppel ritt Hanna mich fast täglich. Manchmal sprang sie mit mir über einen sogenannten Oxer. Es war eine Lust, anzugaloppieren und über das Hindernis zu springen.

Mit Vakanz hatten wir tagsüber keine Langeweile. Wir hatten genug Gras zu fressen und abends gab es im Stall Hafer und Mohrrüben. Manchmal kam der Pferdefreund und Trainer Heinz Scharff nach Buch und korrigierte Hanna beim Reiten. Ich erinnere mich noch gut an seine weiche, melodische Stimme, laut und deutlich wiederholte er immer: „Ruhig sitzen, weiche Zügelführung, Schenkel ruhig am Pferdeleib führen, Fersen nach unten, nicht mit den Beinen in den Leib des Pferdes schlagen, alles mit der Verlagerung des Sitzes machen, aus dem Kreuz heraus muss die Kraft kommen, niemals am Maul ziehen.“

Er sorgte für gute Behandlung des Pferdes, seine Schüler hatten einen ausgezeichneten Sitz. Man sollte ein Stück Seidenpapier unter seinen Hintern klemmen, das beim Absitzen nicht zerknittert sein durfte. Ich habe mir das gut gemerkt. Wenn sich einmal ein Fremder auf meinen Rücken setzte und mir mit den Schenkeln in den Bauch stieß, blieb ich einfach stehen. Sie schimpften und fluchten, aber ich habe mich einfach nicht vom Fleck gerührt, bis sie mir einen Klaps gaben, da stürmte ich davon. Wie gut war es bei Hanna, mit Vorsicht und Leichtigkeit schwang sie sich in den Sattel, spannte das Kreuz an und vorwärts ging es.

Im Sommer waren Hanna und Luca einige Tage nicht da. Bernhard, der Pfleger von Vakanz, versorgte uns in diesen Tagen. Im Stall war ich dann morgens sehr unruhig, denn er kam erst, als die Sonne hoch am Himmel stand. Er ließ uns dann einige Tage auf der Koppel, brachte uns irgendwann Futter, ansonsten hatten wir ja genug Gras zum Fressen. Aber es war sehr langweilig.

Im Garten vom Regierungskrankenhaus

Es war an einem Sonntag, Hanna und Luca waren verreist. Wir Pferde vertrieben uns die Zeit auf der Koppel. Ich machte mir an einer Koppelstange zu schaffen. Da war ja ein richtig breites Loch entstanden. Wenn ich mich bückte, sah ich das weite Feld jenseits des Weges. Noch ein bisschen scharren und ich konnte mich, zuerst mit den Vorderbeinen, dann mit dem ganzen Körper, unter der Koppelstange durchschieben. Hurra, ich war frei und konnte den Weg entlangtraben. Vakanz wieherte, niemals hätte sie so ein Kunststück vollbracht, sie rief: „Komm zurück, Peter, wohin willst du? Peter, Peter!“ Aber ich hörte nicht auf ihre mahnende Stimme. Ich lief davon und befand mich plötzlich in einem wunderbaren Garten, wo es viel Grün, duftige Zweige und frisches Gras gab. Überall konnte ich bisschen an dem frischen Grün naschen. In aller Ruhe gab ich mich entspannt in dem schönen Garten den Leckerbissen hin.

Da hörte ich Stimmen, zwei Männer in gleicher Uniform kamen auf mich zu. Sie hatten ruhige, angenehme Stimmen, sie reichten mir Mohrrüben, die ich mit Genuss schnurbste. Ehe ich mich versah, hatte ich plötzlich einen Strick um den Hals. Sie führten mich durch den schönen Garten.

„Du Lausbub, wie bist du denn hier hereingekommen? Keiner darf nämlich unkontrolliert in das Gelände von unserem Regierungskrankenhaus. Wir werden dich jetzt ganz schnell wieder in deinen Stall bringen, der befindet sich doch auf der LPG Frohe Zukunft in Buch.“

Sie führten mich hinaus aus dem schönen Garten, die Straße entlang zu unserm Hof. Dort wurde ich schon von Bernhard erwartet, der mich ganz freudig empfing und tätschelte. Er führte mich in den Stall. Er schimpfte nicht, er schimpfte nie. Er ließ sich von mir ablecken, dann gab er mir Futter.

Vakanz, meine Nachbarin, brabbelte, das heißt, sie wieherte leise vor Freude: „Endlich bist du Ausreißer wieder da. Na, wenn das Hanna erfährt. Ich habe gehört, dass sie erst morgen von einer Reise zurückkommt. Auch ich bin einmal von hier entkommen, es ist schon lange her. Nicht weit von hier bin ich die Straße entlanggaloppiert und plötzlich war vor mir ein Baumpfahl, eine sogenannte Schranke. Du weißt, ich springe nicht, ich habe sie einfach durchbrochen. Es war ein Auflauf. Polizisten kamen auf mich zu. Ich hatte gar nicht gemerkt, dass ich mich verletzt hatte. Mehrere Männer hielten mich fest. Sie warfen mir einen Strick um den Hals und banden mich an einen Pfahl. Dann telefonierten sie unentwegt. Bald kam ein Feuerwehrauto, ich musste aufsteigen und sie brachten mich in den Stall zurück. Das war weit unangenehmer als dein Ausflug. Damals hieß es: ‚Ein Pferd hat die Grenzbarriere zu Berlin durchbrochen.‘ “

Ich hatte gespannt zugehört. „Na endlich erzählst du mir etwas von dir.“ Da war mein Ausflug harmloser gewesen. Mehrere Tage nach meinem Spaziergang hörte man im Dorf: „Der Peter war im Regierungskrankenhaus.“ Auch Hanna hatte es bei ihrer Rückkunft vernommen. Sie strich mir über den Hals und sagte: „Na, du Ausreißer. Du warst auf verbotenem Terrain.“

Pferdeglück

Frei sein,
Das weite Feld im Blick,
Traben, Galoppieren,
Weiter und weiter.
Kein Hindernis stoppt meine Lust.
Grüne Wiesen, sandige Wege,
Vor mir die unendliche Weite.
Ankommen, wo und wann?
Ankommen zu Hause,
Wo meine Herrin meiner wartet.

Umzug zum Pölnitzweg 1976

Heute kam Hanna ganz aufgeregt in den Stall. „Komm, Peter, ich werde dich putzen. Ich habe dir sehr viel zu berichten.“ Sie striegelte und putzte fast eine Stunde an mir, immer wieder strich sie mit der Bürste über meinen Rücken. Sie war sehr traurig und redete auf mich ein: „Stell dir vor, Peter, wir müssen deine schöne Bleibe hier bald verlassen. Ganz Buch wird umgestaltet. Es wird ein Neubaugebiet entstehen. Auch dein schöner Stall wird abgerissen.“ Hannas Stimme klang fast weinerlich. Ich verstand kein Wort. Aber ich musste sie trösten und brummte etwas vor mich hin.

„Der schöne Stall und die wunderschöne Box müssen in drei Monaten geräumt sein. Wohin mit dir, Peter? Der Ziegenstall in unserem Siedlungshaus ist wirklich zu klein und in dem kleinen Garten würden die Nachbarn niemals ein Pferd dulden. Eine Unterstellmöglichkeit in einem anderen Gehöft in Buch suchen? Für wie lange wäre das dann und für dich gäbe es keinen Auslauf. Zurück nach Oranienburg? Dann wäre der enge Kontakt zu dir wieder verloren. Nein, nein, das sind keine Lösungen. Wir müssen eine eigene Lösung finden. Peter, wir brauchen ein eigenes Grundstück mit Haus und großer Wiese.“

Ich glaube, Hanna war verzweifelt. Auf einmal hielt sie inne. „Mensch, Peter, wir müssen Tante Hertha fragen. Sie ist die Einzige, die uns helfen kann. Du kennst sie doch, sie hat uns doch oft besucht.“

Hanna band mich los und brachte mich auf die Koppel, ich begriff nur, dass dieser Spaziergang bald vorbei sein sollte und dass dieser Ort, die schöne Koppel, der schöne Stall, bald nicht mehr da sein würde.

Die Tage vergingen in gewohnter Weise. Ich verstand nicht alles. Ich spürte nur, dass Hanna und Luca sehr aufgeregt waren. Nach einigen Tagen kam Tante Hertha in den Stall und sagte ganz fröhlich: „Kinder, ich habe etwas für euch. Ich habe Frau Brühnig im Pölnitzweg besucht. Sie lebt allein in ihrem Haus und nach einem Unfall mit Beinbruch im vorigen Jahr ist sie nicht mehr die alte unabhängige Frau. Sie ist einverstanden, euch kennenzulernen. Das ist doch ganz toll. Hinter dem Grundstück sind Wiesen weit und breit. Ich bin oft auf meinen Spaziergängen dort vorbeigekommen und habe Rehe und Rebhühner beobachtet. Wir werden in den nächsten Tagen Frau Brühnig besuchen und die Sache besprechen."

Was sollte ich dazu sagen? Ich spürte nur, dass ein gewisser Druck von allen gewichen war. Irgendwie sind sich Hanna und Luca mit der alten Dame, Frau Brühnig, einig geworden. Ich soll auch dazu beigetragen haben. Frau Brühnig hatte eine Pferdeleidenschaft. Sie war eine echte Preußin. Ihr Vater war der Sattlermeister bei Kaiser Wilhelm II. gewesen, ihre Mutter hatte als Kammerzofe im kaiserlichen Haushalt gearbeitet. Sie soll mit den Prinzessinnen gespielt haben. Bis 1918 hatte die Familie am kaiserlichen Hof gewohnt.

Durch die Revolution 1918 und die Abdankung des Kaisers hatten die Eltern von Frau Brühnig, ihre Mutter war mit einem kaiserlichen Offizier verheiratet gewesen, ihre Stellung und Wohnung im Schloss verloren. Die Eltern und das Ehepaar Brühnig waren gemeinsam in das 1910 als Alterssitz gebaute Haus nach Buch gezogen. Inzwischen war das Haus mit einer vierköpfigen Familie und zwei Einzelpersonen belegt worden.

Mutter Brühnig, inzwischen fünfundachtzig Jahre alt, fühlte sich einsam. In ihrem hohen Alter waren die meisten Freunde gestorben, ihre Kräfte ließen auch langsam nach. Sie wollte es mit uns versuchen, wir als Eigentümer, sie bei uns wohnend bis zu ihrem Lebensende.

Ich hörte nur, wie Luca zu Hanna sagte: „Na, da liegt noch viel Arbeit vor uns, der bauliche Zustand ist miserabel, keine Heizung, fehlende Sanitäranlagen, es muss viel gebaut werden.“

Hanna war ganz fröhlich. Sie sprach mich sogar an und sagte: „Mensch, Peter, du wirst dich auf einer wunderschönen Koppel tummeln können. Ich will hier wohnen und leben. Diese herrliche Weite, grüne Wiesen – diese Auenlandschaft mit dem Wald im Hintergrund ist mir oft im Traum erschienen, das ist die Landschaft meiner Sehnsucht. Wir werden alle Misshelligkeiten und Widerstände überwinden.“

Ich hatte zu Tante Hertha eine starke Bindung. Sie kam oft und streichelte mich und schwatzte immer mit mir. Wer war Hertha? Hertha von Gruner, 1904 in Berlin geboren, heiratete in den zwanziger Jahren den Arzt Rudolf von Gruner und das erste Kind wurde 1928 geboren, es folgten mehrere, fast jährlich. Hertha war zupackend. Sie absolvierte das Examen als Arzthelferin, nachdem sie gerade den Abschluss als Innenarchitektin hinter sich gebracht hatte. Sie richtete die kleine Arztwohnung ein, die gleichzeitig als Praxis diente. Sie organisierte die Arztpraxis, indem sie die Abrechnung übernahm, und sorgte dafür, dass immer Patienten kamen. Der Kindersegen nahm zu. Es musste ein Haus her. Das war vor dem Zweiten Weltkrieg nicht so einfach. Um eine Genehmigung und die entsprechenden Kredite zu bekommen, begab sie sich als Hochschwangere in schönster Robe zur Abteilung Bauwesen.

Im Jahr 1937 war Albert Speer Generalbauinspektor für die Neugestaltung Berlins geworden. Sie wusste, dass Albert Speer die Goldmedaille für den Deutschen Pavillon in Paris erhalten hatte. Es gelang ihr sogar, den Mann persönlich zu konsultieren, Herr Speer war beeindruckt von dieser hübschen Person. Natürlich erhielt sie nicht sofort das, was sie wollte. Da wandte sie folgenden Trick an: Sie atmete ganz tief ein, hielt die Luft an und fiel in Ohnmacht, sie hatte es natürlich zu Hause ausprobiert. Alle waren gleich besorgt und heilfroh, als diese hübsche Schwangere wieder zu Farbe kam. Die Genehmigung war sicher. So konnten sie den Hausbau beginnen. Inzwischen war die Familie gewachsen und umfasste sechs Personen. Hertha war mit der Planung des Hauses und der Praxis voll ausgelastet. Gott sei Dank hatte sie stets Hilfe durch ihre Eltern. Der Krieg begann, das Haus wurde fertig und nach Herthas Vorstellungen eingerichtet, im ersten Stock die Wohnräume, im zweiten Stock die Schlaf- und Kinderzimmer und parterre waren die Praxisräume. Es kam die schwere Nachkriegszeit. Die Familie war groß, Mann und neun Kinder, die alle noch schulpflichtig waren, mussten versorgt werden. Als Arzt war es etwas leichter, an Nahrungsmittel heranzukommen. Hertha organisierte die Hausbesuche in Buch und in der ländlichen Umgebung. Es wurde meist mit Naturalien bezahlt. Im Keller hielt die Familie sogar ein Schwein, natürlich illegal.

Trotz aller Not und Arbeit wurden im Gruner'schen Haus kulturelle Veranstaltungen und Musikabende mit berühmten Sängern, zum Beispiel Joseph Greindl, durchgeführt. An solchen Abenden sollte jeder ein Brikett mitbringen. Die Praxis war täglich voll, Hertha arbeitete fleißig, sie impfte, sie schrieb Rezepte, versorgte die Patienten mit Verbänden und Bestrahlungen. Kurzum, sie war ein Multitalent und der gute Geist des Unternehmens. Der Haushalt wurde meist von Mädchen, die im Arbeitsdienst verpflichtet waren, betreut. Auch die mussten angeleitet werden. Gut, dass ihr Vater ihr stets zur Seite stand, denn die Kinder sollten etwas Anständiges lernen. Alle Kinder hatten später Berufe, Zahnarzt, Architekt, Buchhändlerin usw.

Hanna und Luca lernten Hertha in Zusammenhang mit ihrer Tochter Renate, der Zahnärztin, kennen. Hertha war Rentnerin, ihr Mann Rudi war an Magenkrebs verstorben. Sie half ihrer Tochter in der Praxis. Es wurde eine wunderbare Freundschaft. Ihr Tod war für Hanna und Luca ein echter Verlust.

Hertha half sehr vielen Menschen und stand ihnen mit Rat und Tat zur Seite, nicht nur in der großen Familie, sie hatte vierundzwanzig Enkel. Sie beriet in der Kirchgemeinde Berlin-Buch Menschen und wusste immer einen Ausweg oder Rat. Um ihr Äußeres wurde sie beneidet. Sie hielt auf ihre Figur. Kerzengerade spazierte sie täglich durch Buch, immer gut gekleidet, möglichst hell, die Haare blondiert. Auch sie wurde älter, doch sie tat etwas für ihre Gesundheit. Sie fuhr jedes Jahr zur Kur an das Schwarze Meer. Sie verkaufte das große Haus, konnte aber im Hause wohnen bleiben. So konnte sie sich die Kuren leisten.

Sie hatte natürlich ihre Verehrer. Lernte die Tochter einen Herrn kennen, dauerte es nicht lange, bis sich dieser zur Mutter hingezogen fühlte. Sie bekam auch im achten Jahrzehnt noch Heiratsanträge. Ein guter Freund, den die Tochter in den achtziger Jahren in Berlin kennenlernte, er war Dirigent an der Met gewesen und dirigierte jetzt in Berlin, war später bei Hertha täglich zu sehen, wenn er in Berlin war. Dieser Musiker, ein Amerikaner, verehrt sie heute noch.

Welch ein Freundschaftsdienst, Tante Hertha hatte die alte Dame bereden können. Frau Brühnig empfing Hanna und Luca direkt an ihrem fünfundachtzigsten Geburtstag. Ihr Sohn befand sich gerade in Berlin, mit ihm konnte alles abgesprochen werden. Nun begann die

Bauphase. Für Mutter Brühnig wurde ein Teil des Hauses eingerichtet. Wichtig war, dass sie es warm hatte, denn der Winter stand vor der Tür.

Ankommen im Pölnitzweg

Hanna legte mir die Trense an, legte den Sattel auf meinen Rücken. Heute war es der Militärsattel, den Bernhard wieder auf Vordermann gebracht hatte, er roch nach Lederöl. Ich freute mich, sicher würde es ins Gelände gehen. Jawohl, wir bogen nicht zur Koppel ab, sondern es ging im Schritt am Rande der Straße entlang. Nach rechts ging es dann vor der großen schwarzen Brücke den Weg an der Bahnlinie entlang. Man wusste nie, wann ein Zug kommen würde, der mich erschrecken könnte, wenn wir uns unter der Brücke befanden. Durch eine kleine Unterführung mussten wir noch, aber da hatte man die Übersicht. Wir ritten hindurch, ohne dass ich mich durch das Gepolter eines heranbrausenden Zuges erschreckte. Nach einem kleinen Stück auf dem Pölnitzweg waren wir schon im Bucher Wald.

Nein, es ging nicht in den Wald, zur rechten Seite erstreckte sich eine große grüne Wiese, da könnte ich mich sattfressen. Wenn ich mich umsah, ein weites Grasland, in der Ferne ein See und am Rande Büsche und Bäume. Hanna hielt an und stieg aus dem Sattel. Sie führt mich auf eine große Koppel, die ganz frisch umzäunt war, es roch nach frischem Holz.

Wir wurden von Luca und Arthur Schielmann, er war früher Tischler gewesen, begrüßt. Sie waren dabei, die letzten Koppeldrähte festzumachen. Hanna begrüßte den alten Herrn, er war schon Rentner. Sie führte mich über diese grüne Wiese. Da war auch eine Box für mich bereit, hell und weiß getüncht. Es duftete nach frischem Stroh, von dem ich gleich etwas naschte. Nun befreite mich Hanna von Sattel und Trense. Ich konnte frei über die Koppel traben, galoppieren. Es gefiel mir hier sehr gut. Ich schnaufte vor Vergnügen, konnte mich ganz frei bewegen. Jedes Mal, wenn ich zu Hanna nach dem wilden Trab zurückkehrte, klopfte sie meinen Hals und lobte mich. Hanna verschwand hinter der Haselnusshecke, wo ein altes Haus stand, dann erschien sie gleich wieder, diesmal mit einer dicken Mohrrübe. Dicke Koppelstangen trennten mich von Hof und Haus. Aber es war oft jemand da, der mich klopfte und mir zuredete. Auch Mutter Brühnig interessierte sich sehr für mich und mein Wohlergehen.

Nun konnte ich mich endlich ans Fressen machen, das Gras und die Kräuter der Wiese schmeckten vorzüglich. So verging der Tag schnell. In den nächsten Tagen gab es hier jeden Tag etwas Neues. Es sollte gebaut werden. Es gab viel zu sehen. Am frühen Morgen erschienen mehrere Männer, die schwere Holzstangen und Bretter heranschleppten. Sie begrüßten mich, klopften mir den Hals und hatten freundliche Worte. Sie hämmerten und sägten den ganzen Tag.

Nach einigen Tagen war ein großer überdachter Raum entstanden. Unter dem Dach befand sich auch meine Box. Die Männer waren sehr freundlich zu mir. Sie sagten: „Na, Peter, da ist genügend Platz für Heu und Stroh.“ Luca erklärte mir, dass ein schöner Stall für mich entstanden war. Es duftete nach frischem Stroh, es war Haferstroh, das fresse ich am liebsten. Eine Futterkrippe war auch da. Ich machte mich gleich über das duftende Haferstroh her, es schmeckte vorzüglich. Außerdem war frischer Hafer in der Krippe. Da konnte ich mich sattfressen.

Wie würde ich die erste Nacht hier verbringen? Am liebsten wäre ich wieder auf der Koppel galoppiert, aber Hanna hatte die Holztür, die in der Mitte geteilt war, verriegelt. Das obere Teil blieb offen und ich konnte hinausschauen, bis mich die Müdigkeit überfiel, und ich konnte mich in das frische Stroh legen. Ich träumte von meiner Freundin Vakanz, es war das erste Mal, dass sie mir nicht Gute Nacht sagen konnte.

Ich wurde durch die freundliche Stimme von Hanna geweckt. Sie brachte Hafer und einen Eimer frisches Wasser. Die Tür war offen, ich konnte mich frei auf der Koppel bewegen, und wenn so eine dicke Bremse angesummt kam, galoppierte ich schnurstracks in den Stall, da war ich sicher vor diesen bösen Tieren, die einen ganz gemein stechen können. Wenn es zu heiß im Sommer war, konnte man sich im Schatten des Stalles erholen.

Grüne Wiesen, sandige Wege,
Vor mir die unendliche Weite,
Ankommen, wo und wann?
Ankommen zu Hause.
Meine Herrin, wartend,
Klopft mir den Hals, schmiegt
Sich an mich.
Ich höre ihr Herz klopfen.

Die ersten Wochen in der neuen Heimat Pölnitzweg

Allmählich gewöhnte ich mich an mein neues Zuhause. Hier war jeden Tag etwas los. Es wurde gehämmert, geklopft, gesägt und geklappert. Das alte Haus, das hinter meinem Stall stand, wurde umgebaut. So konnte ich zuschauen, wenn die Männer mit der Schubkarre Schutt wegbrachten.

In der Mittagssonne lockten die zwei Bauleute mich mit einer Mohrrübe an die Koppelstange. Da sagte Joachim, der gelernte Maurer, zu seinem Hucker: „Mensch, Hotta, setz dich mal drauf, der Gaul geht auch ohne Sattel und Zaumzeug, du hast es ja gestern bei der Chefin gesehen. Mit dem Aufsteigen gibt es natürlich Probleme. Du steigst auf eine Kiste und kletterst auf den Rücken des Pferdes, indem du das rechte Bein über den Arsch schwingst."

Gesagt, getan, der dicke Hotta saß plötzlich auf meinem Rücken, schwer wie zehn Zentnersäcke. Ich rührte mich nicht von der Stelle, er malträtierte mich mit seinen harten Beinen. Da gab Joachim mir mit dem Stock eins über den Hintern. Das brachte mich in Wut. Ich drehte mich um, warf meine Hinterhände in die Luft und brauste im Galopp davon. Ach, war das gut, die Last los zu sein. Ich hörte ein Schimpfen und Jammern, aber es störte mich nicht. Ich begann im unteren Teil der Koppel gierig zu fressen.

Am nächsten Tag fand ich es lustig, ein fremdes Kind von meinem Rücken abzuwerfen. Aber da ging Hanna dazwischen: „Peter, mein Lieber, du denkst, weil du den dicken Kerl gestern abgeworfen hast, kannst du so weitermachen. Übrigens hast du ganze Arbeit geleistet, dein unangenehmer Reiter liegt mit grünen und blauen Flecken im Bett und kann nicht arbeiten."

Hanna schwang sich auf meinen Rücken und ich ging ganz brav alle Gangarten. Heute konnte ich nach dem Putzen ganz zufrieden in meinen Stall gehen.

Am frühen Morgen wurde ich munter, ich hörte Stimmen, meine Tür war noch geschlossen. Ich erhob mich und schaute über die halb offene Tür. Die Sonne stand gerade als roter Ball am Horizont, der Morgenhimmel war blutrot gefärbt.

Luca kam mit einem Mann, der ein glänzendes Messer mit Stiel am Arm hatte. Ich hörte mehrmals seinen Namen, er hieß Herr Müseler. Er war klein und stämmig. Er setzte sich auf einen kleinen Hocker und begann das komische Ding an einem Eisen hin- und herzuziehen. „Aha", sagte Luca, „jetzt wird die Sense geschärft." Mit der Sense ging er zur Wiese unterhalb der Koppel und schnitt das Gras in großen Lagen reihenweise ab. Hanna öffnete meine Tür und ich konnte dem Schauspiel zusehen. Ab und zu kam er heran und tätschelte mir die Nase. In einigen Stunden war die ganze Wiese gemäht. Ich war ganz gespannt, was würde wohl mit dem vielen schönen Gras geschehen?

Am nächsten Tag kam der Schnitter und rechte das Gras in Reihen, es war nun nicht mehr so saftig, denn die Sonne brannte hernieder. So gab es jeden Tag für mich etwas Neues zu sehen. Bald wurde das schon verwelkte Gras in Haufen gestapelt. Herr Müseler, der Schnitter, kam auch zu mir und sagte: „Das ist alles für dich, damit du im Winter gutes Heu zu fressen bekommst. Ja, mein Lieber, blau und trocken muss es sein."

Er hatte seine schweißgetränkte Ledermütze auf den Koppelpfahl gelegt. Oh, das roch gut, ich musste es probieren. Was gut riecht, schmeckt auch gut. Die Ledermütze musste er mir aber unter viel Gezeter und Geschimpfe aus dem Maul ziehen. Ich war dafür bekannt, dass ich manches Unsinnige verschlang. So hatte ich einst in der Tierklinik meine Papierkurven, so nannte man die Aufzeichnungen der Ärzte, aufgefressen. Warum hatten die mir auch das Papier in die Futterkrippe gelegt?

Da die Koppelpfähle noch frisch waren und ihre natürliche Rinde hatten, rochen sie ebenfalls sehr lecker, süß und fruchtig. Ich habe die Rinde abgeknabbert und mir den wunderbaren Saft schmecken lassen. Aber das dicke Ende kam danach. Ich bekam furchtbare Bauchschmerzen, es rumorte und krampfte in meinen Därmen. Ich wusste vor lauter Schmerzen nicht, wohin ich rennen sollte.

„Oh weh", jammerte Hanna, „der Kerl hat die Robinienstämme angenagt. Die sind doch giftig. Wir müssen sofort den Tierarzt holen."

Sie sperrten mich in die Box und ich wälzte mich vor Schmerzen im Stroh. Dann gab mir der Tierarzt eine Spritze, da wurde ich ruhiger. Im Liegen wurde mir dann viel Flüssigkeit ins Blut gegeben.

Hanna weinte: „Ob er das übersteht?" Aber am nächsten Tag ging es mir schon besser, es soll ein Darmverschluss gewesen sein. Alle hatten wirklich große Angst um mich gehabt.

Ich mochte den Tierarzt überhaupt nicht, wie sollte ich wissen, dass er mir helfen wollte. Er verbreitete einen sehr unangenehmen Geruch, einmal zog er mir meine Zunge heraus und hielt sie fest, nur damit ich bei der Spritze stillstand. Das nächste Mal ist es ihm nicht geglückt, da habe ich ihn gleich an die Wand gedrückt. Na, Hanna hat mir dann die Spritze, eine sogenannte Impfung, gegeben. Das war nicht schlimm, ich habe den Einstich kaum wahrgenommen.

Jetzt konnte ich viele Tage zusehen, wie Hanna das Gras, das nun Heu hieß, wendete. Zum Schluss trugen sie es auf Stangen in die Scheune. Hanna dirigierte die vielen Helfer, denn allein konnte sie es nicht schaffen. Wenn ich in meine Box marschierte, kam ich immer an dem Schuppen, der hinter dem Koppelzaun war, vorbei. Dort lag das gestapelte Heu, dessen Geruch mir in die Nase kam und mir großen Appetit machte. Aber es sollte alles für den Winter sein, jetzt bekam ich jeden Abend zusätzlich geschnittenes Gras, das Luca mit der Sense am Graben schnitt und mir in die Box brachte.

Morgenritt im Herbst

Am Samstag wurde ich von Hanna aufgesattelt. Ich war schon ganz unruhig, ich freute mich sehr, es ging sicher ins Gelände. Richtig, Hanna hatte schon die Koppelstangen beiseitegeräumt. Ich wieherte leise. Sie zog noch einmal den Sattelgurt fest und schwang sich auf meinen Rücken. Dann ging es im zügigen Schritt über die Wiesen, auf schmalen Pfaden entlang der Teiche, wo die Enten hochflatterten, dem kleinen Birkenwäldchen zu. Die Bäume waren in den letzten Jahren gewachsen. Der Weg schlängelte sich zwischen den Baumstämmen hindurch. Hanna hielt mich im langsamen Schritt.

Ich hörte von weitem Pferdegetrappel. Was konnte das sein? Es hörte sich an, als ob eine ganze Meute von fremden Pferden auf uns zukäme. Ich wurde sehr unruhig, ich wollte weg, schnell zu meinen Artgenossen hin.

Hanna hatte den Grund meines Ungehorsams noch nicht begriffen. Sie hielt mich zurück. Aber meine Angst überwog. Da riss sie mir am Maul und sprang aus dem Sattel. Sie hatte die Pferde in der Ferne gehört, sie trugen Reiter der Nachbarsektion. Sie wieherten, denn sie hatten uns wahrgenommen. Ich wieherte ebenfalls laut und wollte zu ihnen galoppieren. Hanna war abgestiegen, nahm meinen Kopf und drückte ihn fest an ihre Brust, dabei hielt sie mich fest am Zügel. Sie sprach beruhigend auf mich ein: „Mensch, Peter, wenn wir gemeinsam durch die eng aneinanderstehenden Bäume galoppieren, würden meine Beine verletzt. Der Weg ist viel zu eng. Du kämst noch zwischen den Bäumen hindurch, aber meine Beine wären verletzt. Ich werde dich ganz ruhig hindurchführen. Wenn wir auf dem freien Feld angelangt sind, wirst du die fremden Pferde nicht mehr hören und sehen."

Hanna nahm mich am Zügel; wenn ich Angst bekam und unruhig wurde, nahm sie meinen Kopf in ihre Arme, presste ihn an ihre Brust und streichelte mich, als ob ich ihr Kind wäre. Nach ungefähr zehn Minuten war die Pferdeherde davongeritten. Ich beruhigte mich. Wir traten heraus aus dem kleinen Birkenwald und waren auf dem Weg zu den Rieselfeldern.

Hanna stieg in den Sattel und wir trabten durch die Felder, zu beiden Seiten blühende Büsche und vor uns das weite Land. Hanna ließ mich galoppieren. Ich wurde schneller und schneller, denn ich sah vor mir nur weite, breite Sandwege. So gelangten wir an den Rand des Waldes, Hanna hielt mich zurück. Jetzt konnten wir auf den breiten, von Kiefern umsäumten Wegen im Trab reiten. Hanna war ganz gelöst und sang mit heller Stimme:

„Wer nie im Morgensonnenlicht
auf edlem, leicht behuftem Pferde
die Welt durchflog, der kennt sie nicht,
die höchste Wonne dieser Erde."
(Hans Graf von Podewils)

Ausritt, Panzer

Nun war sie fort, meine liebste Gespielin, wie schön war es doch im alten Stall gewesen, wo ich sie jeden Tag hatte sehen können, wo ich ihr leises Wiehern am frühen Morgen als Erstes vernommen und mich behänd vom mit Stroh bedeckten Boden erhoben hatte. Wie vermisste ich ihren Geruch, an dem ich sie schon von weitem erkannt hatte.

Vor Fremden hatte sie mich immer beschützt. Wenn wir mit anderen Pferden ausgeritten waren, war sie nicht von meiner Seite gewichen. Wenn sich jemand mir genähert hatte, hatte sie schnell mal ihre Hinterhand benutzt, natürlich nur, wenn ihr Reiter das gewährte, weil er unkonzentriert war und sie nicht im Zaume hielt.

Heute aber besuchte sie mich in meiner neuen Heimat auf der Wiese im Pölnitzweg mit Bernhard, ihrem Herrn. Ich vernahm schon einige hundert Meter entfernt ihren Hufschlag, bald spürte ich ihren Geruch, der mit Schweiß vermischt war, als ob sie eine große Tour hinter sich gebracht hätte. Ich begann zu zittern und lief ganz aufgeregt in der neuen Koppel hin und her. Hanna wunderte sich, dass ich so unruhig war. Ich schnaufte, prustete und zitterte am ganzen Leibe. Aber die Ursache kam ja bald zu Tage. Auch sie, Vakanz, war vor Aufregung nass.

Die Menschen unterhielten sich, ohne uns zu beachten. Das war gut, da konnte ich ihr mein neues Zuhause zeigen. Es gab viel frisches Gras, das sie auch gleich mit Lust fressen konnte. Es war so wie früher, sie rieb ihre Nüstern an meinem Hals und schob mich mit ihrem Kopf zur Seite.

Leider hat sie Bernhard, dem ich beim Abschied das Gesicht ablecken durfte, wieder mitgenommen. Das hat mich sehr traurig gemacht. Hanna hat meine Gemütsbewegung sehr genau beobachtet. Auch sie war erregt. „Komm, Peter, wir brauchen jetzt einen kleinen Ausritt, das wird uns beide beruhigen." Hanna sattelte mich, legte mir die Trense an, schwang sich auf meinen Rücken. Luca hatte schon das Koppeltor geöffnet. Nach ein paar Runden auf der Reitbahn ging es über die Wiese durch den Mühlenbusch und den Waldweg entlang über die Felder in Richtung Gorinsee. Hier konnten wir auf weichen, sandigen Waldwegen nach Herzenslust traben. Hanna saß gut, wir waren in einem harmonischen Rhythmus. Ihr Gewicht spürte ich kaum. Uns gehörte der ganze Wald. Manchmal sang Hanna: „Und ich reite froh in alle Ferne, über meiner Mütze nur die Sterne." Es war ein herrliches Miteinander.

Doch was war das? Ich spitzte die Ohren, ich wollte nicht mehr vorwärts. Hanna nahm mich fest am Zügel und setzte sich tief in den Sattel. Es roch plötzlich so brenzlig, Benzingeruch, das typische Russenbenzin. Motorengeräusch, Kettenrasseln. Wie aus heiterem Himmel sahen wir vor uns ein Ungeheuer. Es war ein Panzer, der direkt auf uns zukam. Ich bäumte mich auf, stand wie eine Pagode. Hanna hatte Mühe, mich mit allen vier Füßen auf die Erde zu bringen. Sie riss mich herum, wir stoben im Galopp davon. In meiner Angst und Panik legte ich Höchstgeschwindigkeit ein, ich spürte nur das Ungeheuer hinter uns. Hanna wollte mich beruhigen und sprach mit ihrer Stimme auf mich ein. Sie wollte mich zurückhalten. Ich wollte mit dem Kopf nach oben vorwärts, musste aber den Kopf nach unten halten, was mich im Tempo behinderte. Für mich gab es nur ein Geradeaus, nur weg, weg von dem Ungeheuer. Auf einmal riss mich Hanna am Zügel linksherum, ihre Schenkelhilfen wirkten, ich musste in die Wende, es war eine Linkswendung, und rutschte auf den Knien hinein. Hanna hatte mich in der Gewalt, ich erhob mich sofort. Ich stand jetzt schweißgebadet und schnaufte. Da stieg Hanna ab, führte mich ein Stück in den Wald, es war ein schmaler Waldweg, das Ungeheuer war weg. Hanna nahm meinen Kopf in beide Hände und drückte mich an ihre Brust. Ich glaube, ich vernahm sogar ihren Herzschlag. Ich zitterte noch, denn der Schreck saß tief. Sobald sie meinen Kopf und Hals freigab, wurde ich unruhig. Aber ich fühlte mich bald in Hannas Armen geborgen. Als ich mich langsam beruhigt hatte, konnte Hanna meinen Kopf endlich freigeben. „So, mein Kleiner, jetzt lass mich wieder aufsteigen, wir sind gerettet, das war sehr knapp. Über uns wacht ein Höherer." Gerettet, das Wort hörte ich zum ersten Mal. Es prägte sich ein in mein Pferdehirn als sehr bedeutend. Hanna stieg auf und wir trabten durch den Wald, als ob nichts gewesen wäre, dem heimatlichen Stall entgegen.

Panzer

Allein inmitten der Wälder,
Unter meinen Hufen weicher, warmer Sand,
Aufmerksam beobachtend
Das Spiel der Vögel und Insekten.
Schauen auf Weg und Bäume,
Lauschen auf das Rauschen des Laubes,
Auf die Stimmen der Vögel,
Auf das Plätschern des kleinen Baches.
Riechen den Duft der Blumen,
Das Vergehen der Erde.
Spüren den weichen Boden unter mir.
Schmecken die würzige Waldluft,
Gemischt mit dem Schweiß,
Nicht ahnend die nahende Gefahr.

Plötzlich Benzingeruch,
Brenzlige Luft,
Motorengeheul, Kettenrasseln.
Ein Ungeheuer auf uns zurollend.
Angst, Schrecken, Panik,
Aufbäumen,
Kehrtwendung unter Aufwendung
Aller Kraft.
„Gerettet“, Vergessen.
Im Trab den Duft
Des Waldes genießen.

Reiten durch den Herbstwald

Es war Herbst geworden, die Wiesen wurden gelb, das bunte Laub fiel von den Bäumen, morgens schrien die Kraniche. Die Reitbahn war voller Laub. Hanna hatte mich schon mehrere Tage nicht geritten. Ich stapfte auf der Koppel und suchte nach grünem Gras. Jeden Abend bürstete Hanna mich, sie rieb mich mit einem Tuch trocken, denn ich war nass vom Regen.

Am Samstag wurde ich in der Frühe von Hanna aufgesattelt. Ich wurde schon ganz unruhig, denn ich freute mich sehr, es ging sicher ins Gelände. Richtig, Hanna hatte schon die beiden Koppelstangen beiseitegeräumt, sie zog noch einmal den Sattelgurt fest und dann ging es in zügigem Schritt dem Wald entgegen.

Ehe wir zu den Teichen kamen, sah ich einen Mann mit einem großen Hund aus den nahegelegenen Grundstücken auf uns zukommen. Hanna hatte ihn noch nicht bemerkt, sie trieb mich vorwärts. Auf einmal kam der große Hund angepirscht, direkt auf uns zu. Sein Herr hatte ihn von der Leine gelassen und grinste in der Ferne. Sicher wollte er uns Angst bereiten und dem Schauspiel eines in Panik geratenen Pferdes zusehen. Aber weit gefehlt, es war genau so ein Hund wie der, mit dem ich in meiner Kindheit auf der Koppel in Friedland gespielt hatte, ein Airedaleterrier, eine englische Rasse, vielleicht war es ein Verwandter von meinem einstigen Spielkameraden Roko. Hanna hielt an, der Hund war jetzt neben uns, er bellte nicht, er schnüffelte um meine Beine. Es war eine Art Begrüßung unter Tieren.

„Den nehmen wir mit, Peter, wenn du dich so gut mit dem Hund verstehst.“ Hanna rief dem Mann zu: „In zwei Stunden sind wir zurück.“ Nun ging es im Galopp davon, der Hund immer hinterdrein. Der Hund war kräftig und hielt mit mir Schritt. Im Trab ging es über die Rieselfelder. Roko, den Namen gaben wir ihm, sprang oft zur Seite und verschwand in den Büschen. Aber bald kam er zurück und lief neben uns.

So erreichten wir nach einer halben Stunde den Gorinsee, der im Waldgebiet von Schönow in Brandenburg vor den Toren von Berlin-Buch liegt. Er ist übersehbar, so groß wie ein Feld. Natürlich nahm Roko sofort ein Bad. Er schüttelte sich und stöberte nach Wildspuren im Wald. Rokos Jagdtrieb war erwacht und er lief in den Wald hinein. Ich fürchtete schon, dass er nicht zurückkäme. Aber mein leises Wiehern brachte ihn wieder an meine Seite.

Nach zwei Stunden ritten wir zurück in Richtung Buch. Es war herrlich, auf den Sandwegen durch den Kiefernwald zu traben, und ich hatte einen Gefährten an meiner Seite. Auch für Roko war es herrlich, selbst im Galopp blieb er nicht zurück. In Buch wurde er freudig von seinem Herrn und Besitzer begrüßt.

Todesangst
(Winter 1979)

Es war im Winter, die große Kälte war vorbei, mir machte das Wetter nichts aus, ich fand es lustig, durch den hohen Schnee auf der Koppel zu waten und mich im Schnee zu sielen. Hanna rieb mich jeden Abend mit einem Tuch ab, sie legte Wert darauf, dass mein Bauch trocken blieb. Der Schnee reichte mir weit über meinen Bauch. Aber es gefiel mir. Ich wälzte mich in diesem hohen Schnee. In meiner Box war viel trockenes Stroh.

Trotz des hohen Schnees stapfte ich jeden Tag bis zum Rand der Koppel. Alles war so still, sonst kamen die Rehe bis zum Zaun. Natürlich konnten sie bei den Schneemassen nicht bis zu unserer Wiese kommen. Sicher hatte der Förster im Wald dafür gesorgt, dass sie an die Futterkrippe kommen konnten.

Aber ich hatte keine Langeweile, der Mäusebussard, ein großer Greifvogel, saß in der Spitze der großen Tanne, die neben der Koppel stand. Er wartete auf gutes Futter, das Hanna extra für ihn auf einen der Koppelpfähle legte. Manchmal sah ich ihn, wie er von der Tannenspitze im Sturzflug in Richtung Koppelpfahl flog, um sich das Fleisch zu holen. Manchmal benachrichtigte er auch seine Artgenossen. Zwei bis drei Vögel holten sich dann die Leckerbissen.

Allmählich ging der hohe Schnee zurück. Die Rehe ließen sich wieder am Zaun sehen. Die Felder waren noch schneebedeckt, die Wege im Wald waren festgetreten. Wir konnten wieder ins Gelände reiten. An einem sonnigen Wintertag war es eine Lust für Pferd und Reiter, durch Wald und Feld zu reiten.

Als wir aus dem Kiefernwald zu den Wiesen kamen, sah ich die unendliche weiße Weite des sonnenüberfluteten Feldes. Ich wollte galoppieren, Hanna ließ die Zügel locker und galoppierte mit mir über das schneebedeckte Feld. Ich wollte gar nicht aufhören, fort, weit fort. Die Luft war so wunderbar frisch und der Schnee unter meinen Hufen weich und griffig.

Wir kamen wieder auf eine Waldschneise und Hanna hielt mich zurück, es ging im Trab durch den Kiefernwald. Wir bogen in einen Weg ein und erreichten die Straße; ich musste im Schritt gehen. Das Kopfsteinpflaster der Straße war vereist. Durch das Dorf (Hobrechtsfelde bei Berlin) gingen wir locker im gemäßigten Schritt. Als wir zum Dorf hinausritten, konnte ich auf dem schmalen Sommerweg links der Straße im leichten Trab vorankommen. Bald würden wir zu Hause sein. Ich kannte den Weg.

Doch was war das? Ich hörte von hinten ein lautes Geräusch, es kam näher und näher, es polterte und rasselte hinter mir. Unwillkürlich zog ich das Tempo an, nur weg, aber es wurde lauter, jetzt musste es ganz nahe sein. Ich sah ein wenig zur Seite, da bemerkte ich ein Ungeheuer, knallgelb hob es sich von der weißen Landschaft ab. Es war ein Fahrzeug, das Jauche, Abwasser und Exkremente der Stadt Berlin auf die Rieselfelder verteilt hatte und jetzt zurückfuhr. Es hupte in einem fort, es war, als würde es auf mich zukommen. Ich musste weg, nur fort von dem Ungeheuer.

„Ruhig, mein Kleiner, es geht vorbei.“ Hanna konnte mich im Tempo nicht zurückhalten. Aber nichts ging vorbei. Das Ungeheuer, prasselnd und tönend, hielt mit uns Schritt. Eine unangenehme Stimme kam aus dem Gefährt. Ich wollte weg und galoppierte schneller, immer schneller im gestreckten Galopp. Hanna hielt mir den Kopf hoch, denn vor Angst wollte mein Kopf sich zwischen die Vorderbeine pressen, dann wäre Hanna gestürzt, aber sie hielt sich tapfer. Nach rechts konnten wir nicht ausweichen, da war die Straße mit dem von Schnee und Eis überzogenen Kopfsteinpflaster und das laute Ungeheuer, das neben uns fuhr. Zwei Männer johlten und pfiffen laut in ihrem Fahrerhaus. Links waren Bäume, ich konnte also nur vorwärts.

Für mich gab es nur eins: weg, weg von der Gefahr. So ging es einige Kilometer. Auf einmal riss mich Hanna am linken Zügel herum, sie presste ihr Kreuz in meine rechte Seite und schob mich in einen Kreis. Ich segelte mitsamt meiner Last auf eine kleine Eisfläche und rutschte mit gebeugten Vorderhänden, quasi auf den Ellenbogen und dem Bauch, im Halbkreis über die kleine Eisfläche. Hanna war abgestiegen, riss mich hoch, klopfte mir den Hals. Wir waren beide nass vor Angst und Schrecken, aber gerettet.

„So, nun sind wir das Ungeheuer los und können Gott danken, dass wir leben und unverletzt sind. Solche Mörder! Mörder!“, schrie Hanna. Ich verstand nur so viel, dass Hanna jetzt ruhig und glücklich auf meinem Rücken saß.

Im leichten Trab ging es jetzt durch den Bucher Wald nach Hause. Luca wartete schon. Ich wurde abgerieben und in die Box geführt, es duftete nach frischem Heu und Stroh. Hanna schmiegte sich fest an mich, ich hörte ihr Herz klopfen.

Bummelritt im Frühling

Endlich wieder ein Ritt in die Natur. Auf meinem Rücken spürte ich meine Reiterin kaum. Im ruhigen Schritt führte sie mich durch das frische Grün. Es ging einen schmalen Weg entlang des Krankenhauses, bald waren wir im Hochwald. Nun ging es in Richtung Rieselfelder durch Wiesen und Felder, Hanna ließ die Zügel locker und ich konnte nach Herzenslust galoppieren. Als wir auf eine kleine Anhöhe kamen, legten wir eine kleine Pause ein. Es war ein wunderbarer Ausblick, in der Ferne konnten wir sogar den See sehen. Das war der Gorinsee, da wollten wir hin. Ich interessierte mich nur für das frische, saftige Grün, das noch nass vom Regen war. An den Rändern eines kleinen Baches kamen schon die Huflattichgewächse zum Vorschein. Links erstreckte sich der Wald, die jungen Bäume zeigten schon Knospen und es roch nach feuchten, verwesenden Blättern, nach Bärlauch und nach Waldmeister. Die Vögel zwitscherten und die Kraniche zeigten sich am frühen Morgen in den Wiesen des Mühlenbuschs. Sie waren auch in diesem Jahr nicht zu überhören.

Es war das erste Mal in diesem Jahr, dass wir zusammen ausritten. Hanna saß gut, sie zog nicht am Maul, hatte mich fest zwischen ihren Beinen, sie sprach mit mir, manchmal stimmte sie sogar ein Liedchen an. Ich konnte von den saftigen sprießenden grünen Halmen naschen. Nach einer kleinen Weile ging es weiter, nachdem Hanna mir die Trense wieder festgemacht hatte. Es begleitete uns der Ruf des Kuckucks.

Auf einmal flatterte vor mir etwas sehr Großes auf, ich bekam auch einen großen Schreck. Na, Hanna hat mich wieder beruhigt. Sie sagte, es sei nur eine Wildente. „Keine Angst, mein Kleiner.“ Nur gut, dass wir im Wald waren, denn auf der Straße mit dem vielen Autoverkehr hätte mein kleiner Seitensprung gefährlich werden können. Hier begegneten wir kaum einem Menschen.

In weiter Ferne nahm ich aber eine kleine Gruppe von Artgenossen wahr. Hanna hatte sie noch nicht entdeckt, sie merkte nur, dass ich unruhig wurde. Am liebsten wäre ich zu ihnen hingaloppiert, denn ich habe doch Sehnsucht und Verlangen, in der Herde zu sein. Hanna hatte die Gruppe von Reitern auch entdeckt und hielt mich zurück, bis die Gruppe so weit entfernt war, dass ich den wunderbaren Geruch nach Stall und Schweiß meiner Artgenossen nicht mehr roch.

In den Rieselfeldern müssen bestimmte für Pferde und Reiter gekennzeichnete Wege benutzt werden. Wir begegneten da einem alten Mann, er sah schmutzig aus, der beschimpfte uns richtig laut, er hatte eine unangenehme Stimme, die in meinen Ohren fremd klang: „Ihr mit euren Gäulen bringt uns Seuchen, denn die Viecher äppeln auf den Weg, das ist unhygienisch."

Ich wusste überhaupt nicht, was der meinte, aber Hanna sagte nur: „Ein Verrückter. Es gibt Menschen, die haben für das Reiten kein Verständnis, sie meinen, Reiten ist nur etwas für Reiche. Sicher hat dieser Mann früher auf dem Land schwer arbeiten müssen, für ihn waren auch die Pferde Arbeitstiere, reiten konnten nur die Herren. Heute wünschen sich viele junge Leute ein Pferd. Sie bedenken aber nicht, wie viel Arbeit nötig ist, um ein Pferd gut zu halten und sachgemäß zu reiten. Ach du meine Güte, jetzt hetzt er auch noch seinen Hund auf uns", fügte Hanna etwas erschrocken hinzu.

Er hatte einen Hund dabei, den er von der Leine losmachte, der sollte uns erschrecken. Dieses Mal war es ein Mischling von mittlerer Größe, der sicher etwas Blut von einem Jagdhund hatte. Aber ich hatte keine Angst vor

Hunden, denn in meiner Kindheit waren immer Hunde um mich herum gewesen. Das Tier spürte sofort, dass wir es gut mit ihm meinten, und sprang neben uns her. Hanna rief dem verdutzten Besitzer zu: „Auf dem Rückweg bringen wir den Hund zurück."

So ritten wir davon und kamen schließlich am See, am Gorinsee, vorbei. Ich liebte das Wasser nicht und hatte kein Bedürfnis, mich abzukühlen. Ich mochte überhaupt kein Wasser. Natürlich liebte ich es, wenn Hanna mich im Sommer wusch und mit dem Schlauch abspritzte. Aber ich ging nicht in den See, ich mied jede Pfütze. Als ich Kind gewesen war, hatte mich ein junger Bursche, ein Reiter meines früheren Herrn, in einen Teich geführt und meinen Kopf unter Wasser gedrückt. Ich hatte geschnauft, geprustet und nach allen Seiten ausgeschlagen. Dann hatte ich mich von der Leine losgemacht und war in den Wald galoppiert. Nachdem mich der Bursche eingefangen hatte, war ich geschlagen worden. Ich habe das nie vergessen. Er hatte natürlich nicht gewusst, dass ich einmal im Moor versunken und nur mit Müh und Not gerettet worden war.

Hanna zwang mich nicht, ins Wasser zu gehen. Hanna schlug mich nicht, Hannas Stimme war melodisch, weich und wohlklingend. Sie tröstete mich, wenn ich mich fürchtete, Angst vor unbekannten Dingen hatte, vor allem wenn ich kein Leittier vor mir hatte und ganz allein war.

Peter bekommt eine Freundin

Nun war ich wieder allein auf der Koppel. Morgens wurde ich nach dem Frühstück fast jeden Tag von Hanna in der Reitbahn auf der Koppel geritten. Nachmittags kam manchmal Jung Albert, Ali gerufen. Er konnte am besten reiten, sein Sitz war fest und ruhig. Ich liebte ihn sehr. An Hanna und Luca hatte ich mich in den letzten Jahren gewöhnt. Ich kannte ihren Schritt, ihre Stimmen, liebte ihre Hände, wenn sie mich streichelten oder mir den Hals klopften. Ihr Geruch war mir stets angenehm.

Am schönsten war es, wenn Hanna mit mir über die Wiesen und Felder durch den Wald ritt. Sie sang dann immer ein bestimmtes Lied, das ich bald auswendig kannte. Es ging so:

„Lasst mich nur in meinem Sattel gelten!
Bleibt in euren Hütten, euren Zelten!
Und ich reite froh in alle Ferne,
Über meiner Mütze nur die Sterne.“

So trabten wir locker durch Wälder und Auen. Manchmal langweilte ich mich aber so allein, denn nicht immer kam Hanna zum Reiten, sie hatte doch schwere Arbeit zu bewältigen. Jeden Tag musste sie schon vor 7 Uhr in der Klinik sein und dann die Arbeit mit den Handwerkern. Ich konnte die Männer, die am Haus bauten, gar nicht leiden. Immer wenn ich sie hörte oder sah, erinnerte ich mich an damals, wie der Dicke auf meinen Rücken geklettert war und der andere mir einen Hieb versetzt hatte, weil ich natürlich mit der großen, unangenehmen Last stur und starr stehen geblieben war. Da hatte ich einen Satz gemacht und war davongestoben. Diesen dicken Kerl hatte ich in den Sand abgeworfen. Die beiden hatten geschimpft und gejammert. Sie hatten es nie wieder probiert.

An einem Mittwochvormittag war Hanna zu Hause, ich freute mich sehr. Aber sie war so aufgeregt und nervös, da musste doch etwas in der Luft liegen. Vielleicht kam der Tierarzt. Vor dem hatte ich immer große Angst, der war grob. Einmal hatte er mir die Zunge festgehalten, da hatte ich aber einen Schreck bekommen, ich hatte nicht gemerkt, dass er mir eine Spritze gegeben hatte. Na, das nächste Mal wusste ich ja Bescheid, da konnte er den Trick nicht mehr anwenden.

Auf einmal kam ein Auto mit einem Pferdehänger direkt durch das Tor auf die Koppel gefahren. Ich kannte das Gefährt seit meinem Ferienaufenthalt in Germendorf. Mit diesem Wagen hatten sie mich damals zu den vielen Pferden gebracht, es hieß in den Urlaub. Dort hatte es mir überhaupt nicht gefallen. Die fremden Pferde hatten mich nicht leiden können und mich geschupst und gebissen. So war ich immer meine eigenen Wege gegangen. Wenn wir morgens auf die großen Koppeln geführt worden waren, war ich manchmal zurückmarschiert und hatte mich allein im Stall aufgehalten. Am Abend hatte ich nicht mit den anderen Pferden in den Stall gehen wollen. Ich war als Letzter auf der Koppel geblieben. Von der Frau, die die Herde hatte betreuen sollen, war ich immer ausgeschimpft worden. Ich war so froh gewesen, wieder bei Hanna und Luca zu sein.

Oh weh, wollten die mich etwa aufladen? Ich galoppierte eine Runde und verzog mich in meinen Stall. Auf den Wagen wollte ich nie mehr gehen. Aber was war das? Aus dem Hänger sprang ein richtiges Pferd heraus. Es war eine wunderschöne Stute, aber sie war etwas verrückt. Kaum war sie vom Wagen gesprungen, raste sie im Galopp gegen den Drahtzaun, jäh sprang sie rückwärts und galoppierte ohne Ziel über die Koppel. Es war sehr schwer, sie einzufangen. Ich konnte keinen Kontakt mit ihr aufnehmen.

Nach geraumer Zeit hatte sie mich auf der Koppel entdeckt. Sie näherte sich mir ganz langsam, sprang aber gleich zurück, als sie zwei Meter von mir entfernt war. Doch sie versuchte es immer wieder. Wir waren beide schweißüberströmt und sie versuchte meinen Körpergeruch aufzunehmen.

Wir wurden bald beide in unsere nebeneinanderliegenden Boxen geführt. Die unteren Türen wurden geschlossen, aber unsere Köpfe konnten wir durch die obere, offene Hälfte der Türen ausstrecken und uns verständigen.

Durch Hanna hatte ich gehört, wie die neue Gefährtin sich nannte. Denn Hanna versuchte sie immer wieder zu beruhigen. Annabella wurde sie gerufen. Doch oh weh, sie hatte sich an der Vorderhand arg verletzt. Ich vernahm nur, wie Hanna sagte: „Luca, du musst den Tierarzt holen."

Der Tierarzt kam auch bald. Doch Annabella schien keine Angst vor ihm zu haben. Sie stand ruhig, erst als der Tierarzt eine Flüssigkeit über die Wunde goss, bäumte sie sich auf. Zwei Männer hielten sie an der Trense fest. Der Tierarzt machte einen dicken Verband um ihren Vorderfuß und sagte: „Kann acht bis zehn Tage draufbleiben."

Jetzt musste Annabella im Stall bleiben. Am Abend, als ich meinen Hafer bekam, war sie sehr unruhig, sie hatte nur Mohrrüben bekommen. Warum wohl das? Wir beide drehten uns laufend um und steckten unsere Köpfe an den halb offenen Türen zusammen. Am Abend kam unser Schmied vorbei. Er hatte von dem Neuankömmling gehört und war neugierig. Der Schmied war ein erfahrener Pferdezüchter. Er unterhielt sich mit Luca und Hanna vor unserem Stall. „Na, da müsst ihr aber ein Fenster in die Mauer schlagen, die beiden wollen doch Kontakt miteinander haben."

Dann schaute sich der Schmied die Hufe von Annabella an. „Da hat man Sie ganz schön angeführt. Das Pferd hat zu viel eiweißreiche Nahrung bekommen, es sieht beinahe aus wie eine beginnende Hufrehe. Am besten einige Tage eiweißarmes Futter geben, leichte Bewegung auf der Koppel."

Hanna sagte nur: „Das kriegen wir hin."

Am nächsten Morgen mussten wir beide auf die Koppel. Die Handwerker hämmerten im Stall und am Abend hatten wir ein Fenster zwischen unseren Ställen, wir konnten uns jetzt fantastisch unterhalten. Annabella hatte etwas Schmerzen im Vorderhuf. Ich tröstete sie: „Du wirst sehen, Hanna macht das schon, da brauchst du keine Angst zu haben."

Am nächsten Morgen kam Hanna zum Füttern, Annabella bekam keinen Hafer, aber etwas duftendes Heu und Mohrrüben. Dann wurde sie draußen vor den Ställen am Holzbalken befestigt. Ich hörte nur, wie Hanna entsetzt rief: „Alles durchgesuppt, wir müssen den Verband erneuern." Luca musste sie festhalten, das war nicht so einfach. Aber Hanna schüttete eine blaue Flüssigkeit über die Wunde und tupfte vorsichtig die böse Stelle mit einem weißen Stoff mit Hilfe einer Pinzette aus, scheinbar tat es Annabella gar nicht weh.

„Ja", sagte Hanna, „das habe ich alles in der Kinderklinik gelernt. Da durfte man den kleinen Kindern bei der Behandlung von Wunden auch nicht wehtun. Das blaue Zeug heißt Pyoktanin, das ist noch besser als Jod, weil es auch Pilzbefall verhütet." Dann brachte sie eine Heilsalbe auf die Wunde und wickelte einen Verband um den

Fuß, dabei ließ sie den Huf frei.

Nun konnte ich mit Annabella auf der Koppel grasen, sie war jetzt ganz ruhig und folgte mir. Ich musste ihr ja alles zeigen. Brav ging sie im Schritt hinter mir her. So leicht konnte sie sich noch nicht zurechtfinden, aber jeden Tag begriff sie mehr von ihrer neuen Heimat. Hanna verband die Wunde jeden Morgen. Jetzt stand Annabella schon fast von selbst, ohne festgebunden zu werden. Hanna hatte ihr statt des kalten Metallgebisses der Trense ein Stück aus den eigenen Rosshaaren gefertigt. So konnte sie sich sehr schnell an Hanna gewöhnen. Wir grasten jetzt täglich ganz ruhig auf der Koppel und wenn ich in der Reitbahn geritten wurde, sah Annabella zu.

Annabella bekam jetzt abends auch ihren Hafer, es war gequetschter Hafer, den wir beide sehr gernhatten. In dem frischen Stroh, das uns Luca jeden Abend in den Stall schüttete, fühlten wir uns wohl und wir konnten mit Hilfe des offenen Fensters die Köpfe zusammenstecken und erzählen.

In den ersten Tagen nach der Ankunft von Annabella musste ich sie trösten. Anzukommen und gleich verletzt zu sein, ist ja wirklich Pech. Ich erzählte ihr von meinem Klinikaufenthalt in der Charité:

„Ich war eingeliefert worden, weil ich mir einen großen Nagel eingetreten hatte. Da musste ich operiert werden. Stelle dir vor, ich wurde in einen großen Saal gelegt, festgeschnallt und bekam eine Narkose, damit ich nichts von der Operation merkte. Ich kam erst wieder zu mir in einem großen Stall, wo ich zwischen anderen Pferden stehen musste. Ich hatte große Sehnsucht nach meinem Zuhause. Ich wusste ja nicht, ob ich jemals Hanna, Luca und Ali wiedersehen würde. Eines Abends hörte ich von weitem die Schritte von Luca. Ich freute mich so, dass ich laut wieherte. Es war Gott sei Dank kein Mensch im

Stall, so konnten Luca und Hanna ungesehen zu mir in den Klinikstall gelangen. Sie klopften mir liebevoll den Hals und dann verschwanden sie ganz leise und schnell. Das machte mich sehr traurig, wie gern wäre ich mit ihnen davongeritten. Jeden Tag kamen die Ärzte und schauten nach meinem Huf. Einmal haben sie mir Papier in die Futterkrippe gelegt. Ich war neugierig und hatte Hunger, da habe ich einen Teil davon aufgefressen. Ein junger Arzt hat es gleich seinem Chef gemeldet. ‚Das Pferd hat die Kurve aufgefressen.' Na, so ein Stück Papier, warum hat er es in meine Krippe gelegt? Ich weiß es bis heute nicht. Meine Wunde ist schnell geheilt und ich konnte bald nach Hause auf die Koppel."

Annabella erzählte mir, dass sie einst in Berlin-Hoppegarten als Rennpferd gelaufen war. Sie war eines der besten Galopprennpferde gewesen. Sie hatte sogar Preise gewonnen. Erhard F. hatte sie dann als ausgedienten Galopper billig abgekauft und sie auf seiner Ranch untergebracht. Er hatte außerhalb von Berlin einen Hof mit Scheune, kleinem Wohnhaus und Ställen erworben. Früher waren Schafe dort gezüchtet worden. Jetzt hatte Erhard dort Schweine untergebracht, womit er sein Geld verdiente. Der Hof war von großen Wiesen und Weiden umgeben. Oft war er nicht da gewesen und Annabella hatte mehrere Tage nur mit Stroh im Stall stehen müssen oder sie war mit einigen anderen Pferden in einem kleinen umzäunten Terrain im Freien untergebracht worden.

Nun zeigte ich ihr jede Ecke und jeden Platz auf unserer großen Koppel. Wir gingen tagaus, tagein über die Koppel und konnten uns am Gras sattfressen. Abends kam Luca oder Hanna, der Stall wurde ausgemistet, frisches Stroh eingestreut, etwas Heu für die Nacht und wohlschmeckender Hafer mit Mohrrüben waren in der

Futterkrippe. Ehe es in den Stall ging, wurden wir gebürstet und gestriegelt, die Hufe wurden ausgekratzt, dann schmuste Hanna noch ein wenig mit mir.

Annabellas Wunde heilte vorzüglich. Bald fühlte sie sich hier zu Hause. Wir konnten uns wieder frei auf der Koppel bewegen. Ich zeigte ihr alles und teilte ihr mein Wissen mit. Wir gingen jeden Tag den Rand unserer Koppel ab, Annabella war wissbegierig, sie begriff alles sehr schnell.

Es dauerte gar nicht lange, da hatte Annabella das Kommando auf der Koppel übernommen. Wenn Leute uns streicheln wollten, die bei Hanna zu Besuch waren, was ja manchmal vorkam, schupste sie mich weg und ließ niemanden an mich heran. Auch unterwegs mit anderen Pferden duldete sie nicht, dass jemand an mich herankam. Sie spielte die Beschützerrolle, sie war eben eine Stute. Ich hatte ihr ja genug gezeigt, von jetzt an übernahm sie das Kommando. Auch wenn fremde Menschen uns streicheln wollten, schob sie mich immer beiseite, wie eine Mutter schützte sie mich.

Annabella musste nun auch geritten werden. Sie war bisher immer nur im Gelände gegangen. Jung Albert übernahm diese Rolle. Die ersten Tage ging sie vorn und hinten schlug sie aus. Aber der Junge konnte sitzen und hatte die nötige Geduld. Nicht einmal warf sie ihn ab. Ich musste natürlich in der Reitbahn mit Hanna vorangehen. Es dauerte einige Wochen, bis sie begriffen hatte und sehr folgsam wurde. Sie ging bald brav hinter mir her. Für die Dressur war sie natürlich nicht geeignet. Aber die Gangarten machte sie mir nach.

Annabella war ein hervorragendes Geländepferd. Sie war auch bei Schnee und Eis im Winter trittfest. Anfang Dezember fiel der erste Schnee.

Weihnachten auf der Koppel

Es war noch sehr früh, dunkel und kalt. Die quietschende Tür der Sattelkammer hatte mich geweckt. Das Klappern des Deckels der Futterkiste war zu hören. Oh, ich roch fast den wohlschmeckenden Hafer. Das Wasser rauschte, Hanna füllte die Eimer mit Wasser und brachte sie uns in den Stall. Noch einmal sich räkeln, sich strecken und ordentlich vor sich hin schnaufen, noch einmal die Glieder dehnen und dann aufstehen. Als Hanna kam, stand ich schon auf vier Beinen und konnte sie begrüßen.

Der Stall war ganz schön zerlegen und schmutzig, alles zerstampft, von dem Stroh war kaum noch etwas übrig, in den Ecken gab es noch ein paar brauchbare Hälmchen. Mine und Stine, die beiden Mäuschen, waren auch schon wach. „Einen schönen guten Morgen, lieber Peter, lass uns noch ein bisschen im warmen Stall, es ist noch finster draußen und Peggy, die Katze, die im Heu schlief, schmiegt sich jetzt von außen an deine Holztür. Erst wenn das Licht angeht, wird sie verschwinden. Der Herr hat nichts mit ihr im Sinn, schon ihr Geruch stört ihn, er hat nämlich eine sogenannte Katzenallergie, trotzdem duldet er sie im Hof, im Heu und Stroh."

Diese kleine Piepsmaus hätte ich glatt zertreten können. Aber sie wagte sich weiter hervor, erhob Köpfchen und Pfötchen und schaute zu mir, dem großen Pferd, herauf. Ich mochte sie, die beiden Kleinen, sie berichteten immer Neuigkeiten.

„Hast du schon gehört, Peter, heute ist Heilige Nacht, Christnacht sagen die Menschen dazu. Seit Tagen sind die Erwachsenen sehr geschäftig, es hat aus der Küche schon gestern nach Braten und Kuchen geduftet. Sicher bekommst du auch etwas Schönes, davon wirst du uns etwas abgeben, denn die Menschen beschenken sich immer am Christfest."

„Was soll er schon kriegen?", meldete sich Stine, das andere kleine Mäuschen. „Eine Ration Heu und einen Eimer Mohrrüben, davon haben wir nichts, wie immer halten wir uns an den Hafer. Am Abend und morgens in der Frühe begeben wir uns auf den Komposthaufen, da wird es gute Leckerbissen geben, das heißt, wenn uns die Katze etwas übrig lässt."

Nun hörte ich Hannas Schritte, ich begrüßte sie wie jeden Morgen mit meinem Wiehern. Annabella, meine Nachbarin, war auch gerade munter geworden und brabbelte vor sich hin. Jetzt ging das Licht vor der Stalltür an, Hanna kam mit den Futtereimern in die Box, ich stieß sie mit meinem Kopf an, oh wie gut, dass sie zuerst zu mir kam, mir tropfte schon der Speichel aus dem Maul.

„Na, ruhig, Peter, nicht so hastig, heute ist Weihnachten und ich bin zu Hause. Da wirst du heute schön gestriegelt und geputzt."

Im Moment verstand ich nicht den Sinn ihrer Worte, ich wurde doch jeden Tag geputzt, aber ich wusste, es würde ein schöner Tag werden. Sicher würden Mine und Stine viel zu berichten haben, denn sie tuschelten und wisperten seit gestern immerzu. Wie immer taten sich die beiden an meinen guten Haferkörnern gütlich, die beim Fressen herunterfielen. Es dauerte nicht lange und die Futterkrippe war leer. Annabella schnaufte auch ordentlich nebenan, sie fraß immer etwas langsamer.

Hanna brachte Strohballen und schüttete frisches, duftendes Heu in die Ställe. Inzwischen war Peggy, die sich nachts zwischen Vorhängedecken und Stalltür gekuschelt hatte, auch verschwunden, und Mine und Stine konnten ihren Spaziergang wagen. Nun machte Hanna die Stalltür auf und wir konnten gesättigt den frischen

Morgen auf der mit Eisblumen überzogenen Koppel genießen. Wir würden doch noch ein paar Gräser finden.

Rot stieg die Sonne am Horizont herauf, die Rehe verschwanden gerade hinter dem Graben. Annabella trabte schon ihre Runde, wie immer animierte sie mich, stieß mich an, tänzelte vor mir herum. Ich ging erst einmal meine Runde im Schritt. Ringsherum war noch alles still. Aber im Hause herrschte heute Geschäftigkeit, die ganze Familie war zugange.

Da kam Hanna mit dem Halfter in der Hand auf die Koppel, ich lief auf sie zu, vielleicht gab es noch einen Leckerbissen. Ich beugte mich über die Koppelstange, aber natürlich drängte sich Annabella dazwischen, versetzte mir einen liebevollen Nasenstüber und ich musste von meinem Platz weichen. Hanna schnalzte mit der Zunge und erhob den Arm; wir wussten, was das bedeutete, und trabten im Kreis über die Koppel. Als der Arm herunterging, galoppierte ich als Erster auf Hanna zu. Ich bekam eine dicke Mohrrübe. Vielleicht würde sie heute noch oft zu uns kommen, dann wäre es nicht so langweilig.

Es war Tag geworden, die Wiesen waren von Raureif bedeckt und noch feucht, die Birken am Waldesrand schimmerten silbern-violett im Morgenlicht. Hanna hatte beide Halfter mitgebracht. Sie rief: „Na komm, Peter, Annabella, komm!“ Ich war als Erster auf dem Wege zu ihr. Annabella träumte in der untersten Koppelecke und setzte sich erst viel später in Marsch. Ich wollte doch als Erster ein Stück Brot erwischen, ich wusste, Hanna hatte es in den Taschen. Schnurstracks ging ich auf sie zu. Was, kein Brot, keine Möhre? Als sie mich am Hals fassen wollte, warf ich meinen Hals nach unten und sprang zur Seite.

Inzwischen war auch Annabella herangekommen, sie

schnupperte und flugs war sie fort wie der Wind. Wir galoppierten über die ganze große Koppel. Hanna lief sogar ein Stückchen mit. Wieder versuchte ich, an sie heranzukommen, und entwischte ihr wieder. Hei, das war ein Spielchen!

Sieh da, nun wurde es doch ernst, sie rief energisch: „Peter, nun komm!“ Jetzt hatte sie mich am Hals gefasst und stülpte mir das Halfter über die Nase. Ich wurde am Pfahl in der Nähe des Stalles angebunden. Auch Annabella musste einsehen, dass es mit Hopsen und Spielen vorbei war. Sie stand mir gegenüber und ließ sich geduldig das Halfter über den Kopf streifen. Wir wurden beide nacheinander gestriegelt und geputzt. Ich bekam den Sattel auf den Rücken geschnallt, die Trense statt des Halfters und los ging's auf die Reitbahn. Da wurde gearbeitet, Trab, Schritt, Angaloppieren, Wenden, Rückwärtstreten, dann endlich noch zehn Minuten Leichttrab. Da trug ich meinen Schweif hoch, es war eine Lust. Dann waren die Übungen für heute leider schon beendet.

„So, mein Lieber, für heute ist Schluss, es gibt noch viel Arbeit, es ist nämlich Weihnachten.“ So richtig wusste ich immer noch nicht, was das bedeutete, Weihnachten. Na, Mine und Stine würden es heute Abend berichten; sie hatten es ja versprochen.

Der Tag war vergangen, es war schon dunkel, wir dösten im Stall vor uns hin. Ich suchte immer nach den besten Strohhalmen, Haferstroh schmeckte besonders gut. Heute hatten wir das Futter schon am Nachmittag bekommen. Hanna hatte uns heute eine doppelte Ration von dem guten, wohlschmeckenden Stroh geschüttet. Ich hörte nur, wie sie vor sich hin murmelte: „Bald wird das Stroh alle sein, woher sollen wir dann welches bekommen? Es gibt kein Stroh zu kaufen, die LPG-Bauern geben uns manchmal illegal etwas ab. Dafür hat man immer einen Schein bei sich, den man zieht, grün oder blau, je nachdem. Sie schimpfen und verfluchen uns, dann bringen sie im Dunkeln manchmal doch eine Fuhre."

Mine und Stine schienen noch unterwegs zu sein, sonst waren sie immer zur Futterzeit im Stroh des Stalles, in der Nähe der Futterkrippe, um jedes heruntergefallene Körnchen zu erhaschen.

„Annabella, weißt du, was es bedeutet, Weihnachten? Wir haben heute schon beizeiten den Hafer bekommen, ich glaube, es war auch die doppelte Portion Heu."

„Wart nur ab, Mine und Stine werden es nachts erzählen. Wir werden noch ein bisschen von dem Heu knabbern und werden die Heilige Nacht erwarten."

Na, jetzt war ich doch eingeschlafen, aber was piepste denn da so aufgeregt in meiner Krippe?

„Na, ihr kleinen Schelme, wir glaubten schon, Peggy oder der schwarze Morle hätte euch weggefangen."

Nun setzten sich die kleinen Mäuschen in Position, jede von beiden wollte zuerst erzählen. Sie piepsten ganz aufgeregt durcheinander, bis ich laut schnaufte und ein Machtwort sprach. Mine begann mit ihrer Geschichte:

„Wir haben uns gleich nach dem Wirtschaftstrakt begeben, wo es besonders aus der Küche nach Braten duftete. Stine ist auf das Regal gesprungen und hat viel Kostbarkeiten entdeckt, es waren Schüsseln mit leckeren, köstlichen Dingen da. Fast alle waren mit Silberfolie bedeckt. Aber bei einem Schüsselchen gelang es Stine, das Silberpapier anzuknabbern, ein Loch zu finden und an die wohlschmeckenden Happen heranzukommen, das war ein Mahl von erlesenem Geschmack. Unsere Mäulchen, natürlich bekam Mine auch etwas ab, sind noch ganz fettig und unsere Bäuche kugelrund. Keiner störte uns. Wir hatten außerdem einen vorzüglichen Ausblick, nämlich genau ins Weihnachtszimmer. Dort stand der große Weihnachtsbaum, ihr wisst, die schöne, stolze Fichte, die Vater Luca am Tag zuvor im Garten abgesägt hat. Ihr beiden habt noch einige frische grüne Zweige zwischen eure Zähne bekommen. Aber was glaubt ihr, wie sie ihn verändert haben, er war bunt geschmückt mit vielen Strohsternen und roten Herzen aus Holz geschnitzt, auf einem Herz stand geschrieben: Bunker-Weihnachten 1941. Weiß nicht, was das bedeuten sollte, denn wir schreiben ja das Jahr 1983. Zwischen den Zweigen und silbernen Kugeln schwebten bunte Engelchen. Das Schönste waren die leuchtenden Kerzen, die der ganzen Stube einen hellen Glanz verliehen.

Die kleine Magda von nebenan hopste ganz aufgeregt durch die Stube, ihr kleines Herzchen hörte man fast pochen in Erwartung des Weihnachtsmanns. Jung und Alt war versammelt. Sie spielten und sangen Weihnachtslieder, das ganze Haus erschallte im Jubelchor. Der Hausherr nahm ein dickes Buch zur Hand und las die sogenannte Weihnachtsgeschichte. Wir hörten nur, als er von Maria las, da hieß es: ‚Sie gebar ihren ersten Sohn und wickelte ihn in Windeln und legte ihn in eine Krippe; denn sie hatten sonst keinen Raum in der Herberge.' Aber alles wurde noch viel schöner, als Hanna die vielen weißen Kerzen aus Wachs am Weihnachtsbaum und an der Pyramide anzündete, hell glänzte jetzt der ganze Raum im funkelnden Kerzenschein. Es war ohne das elektrische Licht eine festliche Atmosphäre. Feucht glänzten die Augen der Uroma und die Kinderaugen von seligen Träumen.

Als das Lied ‚Stille Nacht, Heilige Nacht' verklungen war, klopfte es an die Haustür. Die kleine Magda stürzte mit ihrer Mama hinaus. Aber der Weihnachtsmann war schon weitergegangen, er hatte einen großen Sack an der

Haustür gelassen mit der Aufschrift ‚Frohe Weihnachten'.

Nun wurde der Sack unter dem Weihnachtsbaum ausgepackt. Alle waren neugierig und packten die Päckchen, die mit Namen versehen waren, aus. Die kleine Magda war ganz aufgelöst und freute sich über den neuen kleinen Koffer mit neuen Schuhen, Hampelmann, Clown und Puppen. Hanna hatte eine richtige Reithose aus dem Westen bekommen.

Der Duft nach Pfefferkuchen, Äpfeln und Nüssen drang auch in unsere Nasen. Aber unser Schmaus war auch besonders weihnachtlich, köstlich, dieses Schweinefleisch und die Speckstücke. Vielleicht hatten sie es extra für uns hingestellt. Denn jeder schien ein Geschenk zu bekommen. Und nun will ich euch noch etwas verraten: Jung Albert hat eine samtene blaue Satteldecke mit goldenen Spitzen bekommen und eine wunderbare Reitjacke. Sie haben gesagt, dass gleich morgen alles ausprobiert und ein ordentlicher Ritt ins Gelände gemacht werde. Also, dann müsst ihr euch schön ausruhen, um morgen die beiden, Hanna und Jung Albert, über Feld und Wiesen durch den Winterwald zu tragen. Denn wir wollen euch noch etwas verraten: Es hat heute Abend begonnen zu schneien, morgen werdet ihr die Erde im weißen Kleid finden."

Annabella, die mit ihren Ohren vergnügt am Gitterfenster gelauscht hatte, schnaufte zufrieden vor sich hin. Ich wünschte allen eine gute Nacht.

Es trat Stille ein. Leise wirbelten noch ein paar Schneeflocken durch die klare, kalte Nacht. Aber hoch am Himmel blinkten die Sterne, der Mond war als gelbe Kugel zu sehen, sein Licht drang durch die Luken der Boxen. Es war Stille. Heilige Nacht.

Reiten mit Annabella

Seit Annabella bei uns war, gab es keine Langeweile mehr für mich. Wir konnten gemeinsam auf der Koppel grasen, im Stall konnten wir uns sehr gut unterhalten, denn das vergitterte Fenster zwischen unseren Futterplätzen reichte aus. Am Tage, wenn das Wetter schlecht war oder wenn es heiß war und die Insekten uns ärgerten, konnten wir jederzeit in den Boxen Schutz suchen. Annabella kam meist mit in meine Box, uns war es nicht zu eng.

Es waren immer Kinder bei uns, die von Luca oder von Hanna auf meinem Rücken longiert wurden. Doch allein hatte Hanna mich ungern mit fremden Reitern ins Gelände geschickt. Jetzt waren wir aber zu zweit, gemeinsam machte es viel mehr Spaß, besonders im Gelände.

Die Kinder liebten Annabella, denn sie war bildhübsch, ihr Fell war fast schwarz und sie hatte eine dichte, lange Mähne, woraus die Kinder ihr manchmal Zöpfe flochten. Sie war größer als ich, aber schmaler, so konnten Kinder gut sitzen. Den Sattel war sie gewöhnt.

Allerdings nahm sie kaum Lehren an, sie hatte nie Dressurlektionen gelernt. Ali ritt sie sehr oft. Sie bäumte sich immer auf. Allmählich brachte er sie in den verschiedenen Gangarten auf den Hufschlag. Jetzt ritten wir auch manchmal gemeinsam ins Gelände, wie immer hatte ich Hanna zu tragen und auf Annabella ritt Ali, natürlich an der Tete. Annabella trabte durch jede Pfütze mutig voran, so nahm sie mir die Angst, die ich von Kindesbeinen an vor Wasser hatte. Wir trabten, galoppierten auf herrlich weichen Waldwegen. Es war alles wunderbar. Nach zweistündigem Ritt ging es nach Hause, wir wurden mit Stroh abgerieben.

Es machte viel mehr Spaß, zu zweit durch die Wälder

zu reiten, Hanna saß auch lockerer, wenn Annabella vorausritt. Seit kurzem war aber jeden Nachmittag für uns etwas los. Jung Albert sorgte für Abwechslung.

Ali, so nannten ihn auch seine Freunde, brachte eines Tages zwei Schulkameraden mit. Er fuhr jeden Tag mit der S-Bahn von Buch nach Berlin-Mitte zur Oberschule, dem Grauen Kloster. Im gleichen Zug war auch ein Zwillingspärchen aus Zepernick, ein Junge und ein Mädchen aus der Parallelklasse. Was lag näher: Ali brachte die beiden eines Tages mit nach Hause. Sie stammten aus Mecklenburg. Ihre Eltern waren leitende Agrarspezialisten in der LPG in der Nähe von Penzlin bei Waren. Beide Eltern waren Pferdesportler und hatten privat Pferde, die sich auf großen Koppeln und Wiesen tummeln konnten. Die beiden Kinder wohnten bei ihren Großeltern am Rande von Berlin. Sie waren dort gemeldet, um ihr Abitur in Berlin am Grauen Kloster zu machen. Der Großvater hatte beim Berliner Magistrat etwas zu sagen, so war es möglich, dass die beiden Enkel in Berlin zur Schule gehen konnten.

Das Mädchen war aschblond, sehr hell und wendig, hatte lange Zöpfe und ein wenig Sommersprossen. Sie hieß Charlotte, wurde aber Lotti gerufen. Ihr Bruder, Carl-Ludwig, war mit dem Namen Carlo bekannt. Der Junge, dunkelblond, etwas zart, hatte eine wunderbare Stimme. Ali hatte beide für seinen Theaterzirkel gewonnen.

Wie es sich herausstellte, waren beide gute Reiter. Das war eine Überraschung. Die Kinder machten sich sofort mit uns bekannt. Lotti schmuste nach dem Putzen mit mir. Sie wollte mich unbedingt reiten. Hanna holte das Sattelzeug und die Trense. Die Kleine wusste Bescheid und es ging ihr alles schnell von der Hand. Es dauerte nicht lange und sie ritt mich in der Bahn. Zuerst war sie noch ein wenig steif, aber bald saß sie locker und ich folgte ihren Hilfen und Anweisungen. Mir machte es Spaß, mit ihr unter dem Sattel zu gehen. Carlo musste mit Annabella vorliebnehmen, was ihm nichts ausmachte. Er hielt sowieso nicht viel von der Dressur und wollte lieber ins Gelände reiten.

Nun kamen die Kinder fast jeden Tag nach der Schule mit Ali zu uns nach Hause. Hanna hatte meist das Essen vorbereitet. Sie machten gemeinsam Schularbeiten. Ali bereitete sein neues Theaterstück vor. Er wollte in der Aula der Bucher Schule, die er benutzen durfte, „Draußen vor der Tür" von Wolfgang Borchert aufführen. Lotti sollte natürlich die weibliche Hauptrolle bekommen. Doch Lotti verbrachte ihre Zeit lieber mit mir. Wir wurden Freunde. Ich freute mich, dass ich fast jeden Tag geritten wurde. Am meisten Spaß machte uns allen das Reiten ins Gelände. Zuerst ritt mich Hanna und Carlo führte Annabella. Oder Albrecht ritt Annabella und auf mir ritt Lotti.

Mit der Zeit war Hanna überzeugt, dass Lotti allein und gut mit mir fertigwürde, und so konnten wir auch ohne Hanna ausreiten. Abwechselnd wurden wir Pferde von beiden Kindern geritten. Der Stalldienst oder die Schulaufgaben mussten aber auch erledigt werden.

Eines Tages kamen auch die Eltern der Zwillinge zu Besuch. Ich glaube, sie haben es sehr begrüßt, dass Lotti sich so gut mit mir verstand. Sie wollten aber auch sehen, wo ihre Zwillinge die Zeit verbrachten. Hanna, Luca und Ali verstanden sich mit den Mecklenburgern sofort. Der Pferdesport, die Pferde, das Bucher Heim, und ich glaube, sie waren alle im gleichen Alter. Vor allem freuten sich die Gäste, wie gut ihre Zwillinge durch Freundschaft mit Ali gediehen. So wunderte ich mich gar nicht, dass auch die Eltern Freunde wurden, das Du in ihrem Umgang war herzlich.

Peter will Annabella verführen

Es war Spätsommer, das Grün unserer Koppel war längst abgefressen. Wir gingen den ganzen Tag über und suchten nach frischen Halmen. So schnell konnte das Gras nicht nachwachsen, zumal in den letzten Wochen Trockenheit geherrscht hatte, es hatte lange nicht geregnet. Hinter der Umzäunung gab es viel Gras. Die entfernten Wiesen boten ein sattes Grün. Sie glänzten in der Morgensonne. Es sah verlockend aus. Es waren zum Teil Sumpfwiesen mit kleinen Tümpeln. Ich lechzte nach frischem Gras.

Ich ging zu Annabella, die in aller Ruhe die letzten Halme suchte. „Pass auf, ich werde dir zeigen, wo es besseres Futter gibt. Wir müssen nur aus unserer Koppel herauskommen."

Ich rüttelte an den breiten Koppelstangen, ich nagte daran. Die untere Stange war schon aus der Halterung und hing schräg. Nach starkem Rütteln fiel die andere Seite der Stange zu Boden. Jetzt wäre ich beinahe durchgekommen, wenn ich mich auf die Erde gelegt hätte. Aber wie sollte Annabella hindurchkriechen? Die obere Stange musste weg, dann wäre der Weg frei. Ich gab mir die größte Mühe, ich rüttelte und rüttelte, bis die Stange herunterfiel. Das war geschafft. Über die kleine Schräge konnte ich springen und flugs war ich draußen.

Endlich konnte ich das frische Grün genießen. Ich machte mich sofort ans Grasen. Ich war frei, um mich herum gab es das schönste, beste Futter in Hülle und Fülle. Ich machte ein paar Galoppsprünge und entfernte mich immer weiter von unserer Koppel. Jetzt sah ich, wie Annabella am Zaun stand und wieherte: „Komm zurück, Peter, komm zurück!" Sie rief nach mir ohne Unterlass. Sie machte keinen Schritt in Richtung Koppelausgang. Ich konnte sie nicht überzeugen, mir nachzufolgen, obwohl das frische Grün lockte.

Nun war Hanna auf das laute Wiehern von Annabella aufmerksam geworden. Sie war erstaunt, mich in der Ferne auf der grünen Wiese zu sehen. Sie hatte schnell begriffen, wie ich mich befreit hatte. Es dauerte nicht lange, da kam Hanna ganz sachte auf mich zu. Sie hatte eine Mohrrübe in der Hand. Ich zögerte erst ein wenig. Aber sie schimpfte nicht. Sie lockte mich. So ging ich auf sie zu.

„Na, mein Kleiner, hast wohl Appetit gehabt." Sie legte mir das Halfter an und führte mich zurück. Annabella kam auf uns zugaloppiert. Ihr Wiehern hörte sich jetzt ganz anders an. Vor Freude sprang sie hoch und wollte ihre Vorderfüße auf meinen Rücken bringen, was der älteren Dame nicht ganz gelang.

Am nächsten Tag ließ Hanna uns beide auf der Koppel nebenan grasen. Annabella brauchte nicht über oder unter Stangen zu klettern. Nach unten war ein stabiler Zaun in Form von zwei Drähten gezogen. An der Seite zog sich der Zaun der Nachbarn entlang, die ihren Garten dort hatten.

Wir genossen beide das saftige Gras. Doch was war das? Eine junge Frau war mit ihrem zweijährigen Kind in die Koppel durch den Drahtzaun gestiegen. Das war etwas ganz Neues. Ich wollte sie beschnuppern. Da fing die Frau an zu schreien. Sie nahm das Kind auf den Arm, streckte es mit den Füßen mir entgegen. Waren das Mohrrüben? Nein, das Mädel hatte rote Schuhe. Da kam Hanna. „Was ist denn hier los, wie kommen Sie in die Koppel?"

Die junge Frau war sehr erschrocken. Sie war sich der Gefahr nicht bewusst. „Meine Tochter wollte so gern zu den Pferden", stammelte sie.

„Na ja, wenn ich das Pferd halte, darf sie es streicheln. Aber niemals allein zu den Tieren gehen.“

Hanna nahm mich beim Hals und beruhigte mich. Annabella graste in der anderen Ecke und hatte nichts mitbekommen. Das war noch einmal gutgegangen.

Herbstausritt

Das Laub fiel von den Bäumen, die Waldwege mit ihren vielen Steinen und Unebenheiten waren mit braunem Laub bedeckt. Heute war ein ganz besonderer Tag. Wir ritten zu zweit, das heißt, Annabella wurde vom Junior Albert geritten. Auch ich hatte ihn lange nicht gesehen. Ich spüre noch seine Hand, höre seine helle Stimme. Oft habe ich ihn als Kind durch die Felder getragen.

Ohne ihn war es langweilig geworden. Hanna hatte wenig Zeit. Luca setzte sich nie auf meinen Rücken. Ali war in die weite Welt gegangen. Ich freute mich sehr, dass ich ihn heute neben mir auf Annabellas Rücken bewundern konnte. Sicher würde er mich heute Nachmittag noch reiten. Alberts Stimme war tiefer geworden, klang aber immer noch hell und weich. Was für ein schöner junger Mann er geworden war.

Nachdem wir den Weg entlang der Kleingärten verlassen hatten, näherten wir uns dem abgeernteten Feld. Hier ließen sie beide locker, hier konnten wir nach Herzenslust galoppieren. Ich wollte so gern an Annabella vorbeireiten. Ich glaubte, ich könnte Erster sein. Aber Disziplin war angesagt, Hanna ließ es nicht zu, dass ich sie überholte.

Jetzt ging es wieder im Schritt auf den Wegen zwischen den Rieselfeldern. Wir ritten nebeneinander und ich lauschte auf die Stimme von Hanna, die heute gar nicht so hell und fröhlich klang. Ich spitzte die Ohren und hörte, wie Hannas Stimme ernst wurde: „Ja, Ali, das Stroh ist sehr knapp geworden. Kürzlich haben wir mit unserem kleinen Hänger Stroh in Langengrassau geholt, das war ziemlich weit. Es war kein schöner Tag. Wir rutschten auf einer Brücke, die vereist war, und wurden auf die Gegenfahrbahn geschleudert. Gott sei Dank kam kein

Gegenverkehr. Wir landeten auf einem Feld unterhalb einer Böschung. Dort kamen wir zum Stehen. Wir hatten unverschämtes Glück gehabt. Wären wir einige Meter zuvor den Abhang runter, wären wir auf Steinen gelandet. Außerdem hatten wir Jana im Auto, du kennst sie, sie war vor einigen Jahren bei uns geritten und hatte uns besucht. Da hatten wir sie im Auto mitgenommen. Immerhin haben wir etwas von dem guten Stroh bekommen. Vorige Woche hatten wir von der LPG gehäckseltes Stroh bekommen, das ganz verschimmelt war."

Ich war entsetzt, als ich das alles einigermaßen mitbekam. Einen Unfall haben sie gehabt? Na, ich höre wohl nicht recht. Nachdem sie Albert nach seinem Befinden gefragt hatte, begann sie, von sich zu erzählen. Eine tiefe Melancholie beherrschte heute ihre Stimme. Ich spitzte weiter die Ohren. Endlich wieder einmal ihre Stimme hören. Denn sie hatte lange nicht mit mir gesprochen. Es wurde langsam langweilig. Es gab keine Neuigkeiten, schließlich war zwischen uns alles gesagt. Nun, ich wollte gut zuhören und dann Annabella etwas berichten.

Da begann Hanna: „Ja, Albert, es wird dich schockieren, was ich dir jetzt sagen muss: Wir können zwei Pferde nicht mehr ernähren, es gibt kein Stroh, es gibt kein Heu. Gut, Hafer haben wir über die Sektion bekommen. Aber Stroh ist so wichtig. Weißt du, wie oft ich auf die Felder gegangen bin und die Arbeiter gefragt habe? Sie haben mich nur ausgelacht oder beschimpft. Denn es ist verboten. Es gibt nichts zu kaufen, außerdem haben sie jetzt eine neue Technik. Es werden nur wenige kleine Ballen gepresst. Ja, früher haben sie mir heimlich abends eine Fuhre kleiner Strohballen gebracht."

Nun, ich hatte nicht verstanden, aber es schien ernst zu sein. Annabella schnaufte vor sich hin und hatte nichts mitbekommen. Ich hörte, wie Albert erstaunt war und sagte: „Ihr wollt doch die Pferde nicht etwa weggeben?“

„Nein, noch nicht, aber Papa, der sich wirklich aufopfert, sehr viel für die Pferde arbeitet, kann es auf die Dauer auch nicht mehr machen.“

„Warum reitet Papa eigentlich nicht? Hat er Angst?“

In dem Moment trat ich in eine kleine Vertiefung und wir wären beinahe gestrauchelt. Hanna nahm mich aber geschickt auf und sagte nur, ich müsse mich konzentrieren. Wir sprachen später darüber. Es ging jetzt im Trab durch die schönen Kiefernwälder. Ich hatte eigentlich nicht so recht verstanden, wovon die beiden gesprochen hatten, irgendwie war Hanna voller Sorgen. Was sollte ich Annabella erzählen? Aber so viel hatte ich mitbekommen: Sie hatten mit uns etwas vor. Hanna hatte immer weniger Zeit und wenn sie uns putzte, war sie jetzt immer so ernst.

Zu Annabella sagte ich: „Ja ,das waren Zeiten, als ich jeden Tag von Hanna geritten wurde. Aber Lotti und Carlo sind auch nicht mehr da, ich habe gehört, dass sie bei ihren Eltern in Mecklenburg sein sollen. Meinst du, dass sie wiederkommen werden? Es war doch eine schöne Zeit.“

„Na, Jung Albert ist ja auch weggegangen. Ich werde doch gar nicht mehr aufgesattelt.“

Ich schnaufte ein paarmal durch und erwiderte: „Da wollen wir den heutigen Tag richtig auskosten.“ Es ging wieder über ein Stoppelfeld. Wir setzten nun wieder im Galopp an und dabei vergaßen wir unsere Bedenken. Nach einigen Stunden waren wir wieder im Pölnitzweg angekommen. Nach dem Absatteln wurde ich von Hanna sorgfältig abgerieben und gestriegelt. Am Ende strich sie über meinen Rücken und klopfte mir lange den Hals.

Abschied

Die Wiesen waren wieder grün, die Koppeln boten das erste Gras. Das Heu wurde knapp, wir blieben jetzt auch nachts auf der Koppel. Ich vermisste meinen Stall, kein Stroh zu knabbern, war hart. Aber es gab kein Stroh zu kaufen. So fraßen wir auch nachts die letzten Grashalme. Hanna war seit langem nicht mit uns ins Gelände geritten. Nur am Wochenende wurde ich eine halbe Stunde auf der Bahn geritten. Weihnachten war längst vorüber. Die Zwillinge waren wieder bei den Eltern in Penzlin.

Am Sonntagvormittag hörte ich laute Stimmen im Hof. Ich sagte zu Annabella: „Hast du nicht gehört, ich glaube, es ist Besuch gekommen. Wenn ich mich nicht irre, habe ich die Stimmen von Lotti und Carlo vernommen." Wir wieherten beide. „Siehst du, ich habe es doch gleich richtig vernommen. Sie sind wieder da!"

Es dauerte nicht lange, da wurden die Sättel aufgeschnallt und beide Kinder ritten mit uns auf der Bahn. Das war eine Freude. Lotti schwatzte gleich drauflos: „Peter, ihr kommt zu uns, ihr wisst es noch nicht, aber unser Papa hat es beschlossen. Bei uns zu Hause in Mecklenburg gibt es genug Futter, dort sind viele grüne Wiesen, da kann man sehr viel Heu für den Winter machen. Papa hat schon zwei Boxen vorbereitet."

Hanna gesellte sich zu den beiden. „Na, Lotti, hast wohl schon alles dem Peter berichtet?" Sie wandte sich an mich und legte ihre Hand um meinen Hals. „Peter, du wirst mit Annabella zu den Freunden nach Mecklenburg kommen. Dort gibt es große Wiesen und für den Winter ist auch gesorgt. Lotti und Carlo werden dort zu Landwirten ausgebildet. Sie können euch täglich reiten. Ihr werdet mit Lotti und Carlo und deren Eltern ein gutes Team sein. Wir werden euch sicher auch besuchen."

„Du, Annabella, wir kommen nach Mecklenburg. Da werden wir wieder viel öfter geritten. So haben es die Eltern von Carlo und Lotti beschlossen."

Annabella brummte nur: „Und was ist mit Hanna und Luca?"

„Ach", sagte ich, „die haben doch keine Zeit. Sie werden uns auch besuchen. Ich glaube, zwischen den Erwachsenen hat sich doch eine Freundschaft entwickelt."

Eines Tages war es so weit. Es kam ein richtiger Pferdetransporter auf die Koppel gefahren. Ich hörte, wie der Vater von Lotti und Carlo dem Fahrer Anweisungen gab. Wir waren schon am Morgen geputzt worden. Hanna war sehr lieb zu mir. Sie hatte Tränen in den Augen. Sie sagte nur: „Ihr werdet es gut haben in Mecklenburg. Na, Peter, ob du heute ohne Schwierigkeiten auf den Wagen gehst? Ich werde dir lieber gleich einen Piks verpassen, dann ist alles leichter für dich."

Gesagt, getan, Hanna gab mir eine Spritze. Ich habe nichts gespürt. Ich vertraute ihr vollkommen. Jetzt wurde Annabella auf den Wagen geführt. Sie ging schon von selbst hinauf. Ich wollte auch gleich hinterher. Ich hatte überhaupt keine Angst.

Der Wagen rollte davon. Hanna und Luca winkten, bis der Transporter nicht mehr zu sehen war.